**DIETER HACKER**
**DER RECHTE WINKEL IN MIR**

**KERBER** ART

Immer wieder lasse ich mich dazu hinreissen, unglaublich schöne Bilder zu machen.

Immer wieder lasse ich mich dazu hinreissen, unglaublich schöne Bilder zu machen.
1970
Holz, Lack
200 × 100 cm

**INHALTSVERZEICHNIS**

7 **VORWORT**
Rasmus Kleine

9 **KONSTRUKTIVISMUS, POLITISCHE KUNST, MALEREI DER JUNGEN WILDEN**
Der rechte Winkel als gesellschaftspolitisches Kunstkonzept
Tobias Hoffmann

21 **DER RECHTE WINKEL IN MIR**
Dieter Hacker

**BILDTEIL**
33 Konstruktive und interaktive Arbeiten
67 Politische Arbeiten und 7. Produzentengalerie
103 Malerei

117 **ANHANG**
126 **IMPRESSUM**

**VORWORT**

Das Werk Dieter Hackers, das er in mehr als vier Jahrzehnten geschaffen hat, zeigt eine einzigartige Vielfalt. Es umfasst analytische Arbeiten, Spielobjekte, politische und fotografische Installationen sowie Malerei. Zwar lassen sich diese Arbeiten kunsthistorisch in ihre jeweilige Entstehungszeit einordnen, doch hat Dieter Hacker sich nicht dauerhaft auf eine bestimmte künstlerische Richtung festlegen, sich kategorisieren lassen, sondern immer wieder neue Ausdrucksmöglichkeiten gesucht. Diese Freiheit und Unabhängigkeit der künstlerischen Entscheidung sowie der Wunsch zu provozieren, den Betrachter zu aktivieren und Diskussionen anzustoßen, prägen seine Künstlerpersönlichkeit.

1968 zeigte Hacker eine Ausstellung mit dem Titel »Ästhetik und Ideologie«, die er als Absage an herkömmliche Ausstellungsformen verstand und mit der er die Besucher aufklären wollte über »Wahrnehmungsphysiologie, Informationsästhetik, Kunstsoziologie«, ein Themenfeld, das er in den folgenden Jahren u. a. um Volkskunst, Konstruktivismuskritik und Fragen der Kunstproduktion und -rezeption erweiterte. Trotz seines aufklärerischen Impetus ist Hacker aber kein trockener Didaktiker oder sturer Ideologe; die Ästhetik seines Werkes ist vielmehr gekennzeichnet durch Provokation und Ironie, Überraschung und Humor, aber auch durch Sinnlichkeit. Im positiven Sinne ist Hacker ein Querkopf. Bei aller Direktheit ist er nie beleidigend oder destruktiv. Er liefert mit seinen Arbeiten eher Denkanstöße, will verstören und verkrustete Seh- und Denkgewohnheiten aufbrechen.

So trifft man ihn auch heute noch in den Räumen der ehemaligen 7. Produzentengalerie in Berlin an, eine Zigarre rauchend, freundlich im Umgang, kompromisslos im Ausdruck, reflektiert in seiner Meinung, lebhaft und provokant. Er hat seine Freude an Diskussionen über Kunst, Politik und Gesellschaft, und der Eindruck verfestigt sich, dass diese Begegnungen ebenso Bestandteil seines Gesamtwerks sind wie die einzelnen Arbeiten.

Wir freuen uns sehr, dass das Museum für Konkrete Kunst nun erstmals eine umfangreiche Retrospektive des Œuvres von Dieter Hacker präsentieren kann, die auch die frühesten Werkgruppen umfasst. Viele der Arbeiten wurden seit ihrer ersten Präsentation in den sechziger Jahren nicht mehr gezeigt und werden nun erstmals publiziert.

Die Ausstellung folgt Hackers Auseinandersetzung mit dem Konstruktivismus, dessen Idealen und gescheiterten Utopien. »Der rechte Winkel in mir« – das ist zum einen Hackers Verwurzelung in der konstruktiven Kunst, die ihn zeit seines Lebens beschäftigt hat. Er bezeichnet aber vor allem auch seine Aufrichtigkeit im Ausdruck, seine Kompromisslosigkeit und die Freude am Anecken. Unser ganz besonderer Dank gilt Dieter Hacker für die gute und konstruktive Zusammenarbeit bei der Konzeption und Vorbereitung von Ausstellung und Katalog.

*Rasmus Kleine*
Museum für Konkrete Kunst

Körper
1961
Holz, Lack
18 × 18 × 3 cm

**KONSTRUKTIVISMUS, POLITISCHE KUNST,
MALEREI DER JUNGEN WILDEN**
**Der rechte Winkel als gesellschaftspolitisches Kunstkonzept**
*Tobias Hoffmann*

Das Werk von Dieter Hacker zeichnet sich durch eine außergewöhnliche Vielseitigkeit aus. Als Student der Klasse Geitlinger an der Münchner Akademie beginnt er in den sechziger Jahren mit analytischen und kinetischen Arbeiten. Hackers Kunst ist zu dieser Zeit stark beeinflusst durch den Diskurs der Künstlerbewegung NEUE TENDENZEN.[1] In den späten sechziger und den siebziger Jahren ist Hacker einer der führenden Vertreter der politischen Kunst in Deutschland. In den achtziger Jahren wiederum wird Hacker als Maler im Kontext der Jungen Wilden berühmt. Bei dieser Fülle von auf den ersten Blick höchst unterschiedlichen künstlerischen Ansätzen stellt sich die Frage nach einem verbindenden Element, nach einem roten Faden, der sich durch das Werk Hackers zieht. Mit dem Ausstellungstitel »Der rechte Winkel in mir«, der anlässlich eines Vortrags von Dieter Hacker 2006 beim Symposium zur Ausstellung »Die Neuen Tendenzen« geprägt wurde, ist ein erster Hinweis gegeben. Was macht also den rechten Winkel in Dieter Hacker aus und wie äußert er sich in seinen Werken und seiner Kunstauffassung?

**Analytische Kunst**
In der ersten Werkphase arbeitet Dieter Hacker mit geometrischen Körpern, die bei den Betrachtern einfache aber elementare Wahrnehmungs- und Erfahrungsprozesse auslösen sollen. Ein kleiner schwarzer auf dem Quadrat basierender Quader (Abb. S. 8) – durchaus als Hommage an das schwarze Quadrat von Malewitsch zu verstehen – kann als Körper im Raum erlebt und als tatsächlicher Gegenstand in die Hand genommen werden. In der Arbeit »Ensemble mit weißen Körpern« (Abb. S. 37) soll der Betrachter aus einem Stapel von weißen rechteckigen Körpern Paare zusammenstellen und so ein Gefühl für Größen- und Gewichtsverhältnisse entwickeln. Das geometrische Formenvokabular der Konkreten Kunst wird enthierarchisiert und dem Betrachter tatsächlich an die Hand gegeben. Hacker entwickelt Objekte, die wie in einer Versuchsanordnung eingesetzt werden, um mit dem Betrachter gemeinsam objektive Erkenntnis über die sinnliche Wahrnehmung zu erhalten. Nicht mehr allein der Künstler legt somit fest, was ein stimmiges Verhältnis zwischen zwei geometrischen Formen sein kann. Bei der statistischen Auswertung der Beurteilung der Scheinbewegung in den »Neckerschen Würfeln« (Abb. S. 43) durch die Rezipienten steigert Hacker den wissenschaftlichen Ansatz. Die ästhetische Wirkung wird in einem Feldversuch durch die Befragung der Betrachter ermittelt und

---

[1] Siehe hierzu Kat. Ausst. Die Neuen Tendenzen – Eine europäische Künstlerbewegung 1961–1973, Tobias Hoffmann (Hrsg.), Museum für Konkrete Kunst Ingolstadt, Ingolstadt 2006.

objektiviert. Damit setzt Hacker den Gedanken der Partizipation des Betrachters am Kunstwerk um, der viele Werke der Künstlerbewegung NEUE TENDENZEN auszeichnet, und nimmt sich selbst als Künstler vollkommen zurück. Eine absolute Reduktion der bildnerischen Mittel geht einher mit der Verweigerung einer – möglicherweise als subjektiv zu kritisierenden – Konstruktion oder Komposition durch den Künstler. Das Werk wird »radikal transparent«[2], da es zum einen eine endgültige Form nie erreicht und zum anderen als analytische Versuchsanordnung wissenschaftliche Objektivität beansprucht. Durch die Befragung der Rezipienten soll die Gestaltung systematisiert und damit planbar werden.

### Interaktive Kunst – die Gruppe EFFEKT und die Krise der NEUEN TENDENZEN 1968

1965 gründete Hacker mit seinen Kommilitonen Helge Sommerrock, Karl Reinhartz und Walter Zehringer die Gruppe EFFEKT. In ihrem Manifest[3] fordert die Gruppe EFFEKT einen neuen Ausstellungstypus und ein neues Kunstverständnis. Die Kunst soll – wie der Name EFFEKT schon vermuten lässt – den Betrachter durch ihre visuelle Wirkung für sich einnehmen.[4] Das Einzelwerk des Künstlers ist nun eher von untergeordneter Bedeutung und wird von Rauminstallationen abgelöst, die auf unterschiedlichen kinetischen Wirkungen basieren und meist kollektiv von der Künstlergruppe erarbeitet werden. Die Ausstellungen sollen die arrivierten Institutionen wie Galerien und Museen verlassen und an öffentlichen Orten gezeigt werden. Mit dieser Institutionskritik an den etablierten Akteuren des Kunstbetriebs steht die Gruppe EFFEKT nicht allein innerhalb der NEUEN TENDENZEN. Auch die Gruppe GRAV aus Paris versucht mit Aktionen auf der Straße eine breite Öffentlichkeit mit ihrer Kunst zu konfrontieren und nimmt Museen und Galerien gegenüber eine distanzierte Haltung ein. Die Rolle des Kunstmarktes wird allgemein von den Künstlern der NEUEN TENDENZEN kritisch gesehen.

Hacker und die Gruppe EFFEKT reagieren dabei besonders ironisch[5] nicht nur auf den institutionalisierten Kunstbetrieb, sondern auch auf die Mitte der sechziger Jahre schon etablierten Positionen der älteren Künstler der NEUEN TENDENZEN und der älteren Geitlinger-Schüler.[6]

Die Auseinandersetzung mit den Prinzipien von Struktur und Raster war Ende der fünfziger Jahre zum Ausgangspunkt der Kunst der NEUEN TENDENZEN geworden. So basiert auch Hackers »Essbild« von 1965 (Abb. S. 55) auf einem schwarzen Raster mit 400 quadratischen Feldern, die mit weißen kreisförmigen Objekten eine Struktur bilden. Bei den weißen Kreisobjekten handelt es sich jedoch um Pfefferminzbonbons und Hacker fordert damit den Betrachter auf, die Pfefferminzbonbons zu essen. Die Struktur verändert sich so vom Zufall gelenkt jeden Tag aufs Neue.

Gruppe EFFEKT
Luftballonraum
1965

[2] Dieter Hacker, Der rechte Winkel in mir, S. 22.
[3] Publiziert in Kat. Ausst. Die Neuen Tendenzen – eine europäische Künstlerbewegung 1961–1973, Tobias Hoffmann (Hrsg.), Museum für Konkrete Kunst Ingolstadt, Ingolstadt 2006, S. 48 f.
[4] »Ein klarer, deutlicher, visueller Vorgang kann subtile visuelle Vorgänge enthalten (er hat aber eben den Vorteil, auch für diejenigen Betrachter verstehbar und genießbar zu sein, die seine subtilen Eigenschaften nicht wahrnehmen).« Manifest der Gruppe Effekt, ebd. S. 48.
[5] »Meine Waffe war die Ironie – nicht selten die Selbstironie, denn Ironie ist Gift für den Tyrannen und sei es der Tyrann in einem selbst.« (Dieter Hacker, Der rechte Winkel in mir, S. 24).
[6] Aus der Klasse Geitlinger waren u. a. Uli Pohl, Klaus Staudt, Gerhard von Graevenitz und Rudolf Kämmer schon in der ersten Ausstellung der NEUEN TENDENZEN 1961 gezeigt worden.

Mitte der sechziger Jahre ist ein essbares Kunstwerk eine unerhörte Provokation, die ironisch auf das oftmals starre Beharren auf Strukturprinzipien antwortet. Wie schon bei den »weißen Körpern« gelingt Hacker damit eine Enthierarchisierung des Werkbegriffs.

Der Versuch einer Reglementierung und Festlegung der Kunst durch Definitionen führte zu großen Spannungen innerhalb der Künstlerbewegung NEUE TENDENZEN. Hinzu kam die zunehmende Etablierung dieser Kunst im Kunstbetrieb,[7] was die Ideale der Kunstbewegung teilweise in Frage stellte. Dies löste in der zweiten Hälfte der sechziger Jahre eine Krise und einen Öffnungsprozess der Künstlerbewegung aus.[8]

Die Kunst der NEUEN TENDENZEN hatte einen hohen gesellschaftspolitischen Anspruch. Vor allem durch die Partizipation des Betrachters und die Aufforderung zum Spiel wollten die Künstler durch ihre Werke die Gesellschaft verändern, demokratisieren und psychische Verkrustungen aufbrechen. Mit der 68er-Bewegung hatte die politische und gesellschaftliche Realität diesen künstlerischen Ansatz überholt. Die gesellschaftliche Veränderung, die durch Kunst ausgelöst werden sollte, war längst im Gange und wurde auf der Straße politisch erkämpft. Gerade die Künstler der Gruppe EFFEKT zogen daraus ihre Konsequenzen. So beendeten Helge Sommerock und Walter Zehringer ihre Künstlerlaufbahn, um politisch tätig zu werden. Dieter Hacker wurde politischer Künstler.

**Politische Kunst und die Produzentengalerie**

Wie viele Künstler der NEUEN TENDENZEN denkt auch Dieter Hacker in den sechziger Jahren intensiv über das Verhältnis von Kunst und Gesellschaft nach. Anders als die meisten seiner Kollegen stellen ihn aber die subtilen gesellschaftspolitischen Ansätze in der Kunst der NEUEN TENDENZEN nicht zufrieden. Er sieht in der Kunst die Möglichkeit und Verpflichtung, unmittelbar gesellschaftspolitisch zu reagieren.[9] Deshalb verlässt er das Terrain der konkret-konstruktivistischen Kunst und arbeitet politisch und versucht damit den nicht ausdrücklich formulierten, aber unterschwellig immer vorhandenen gesellschaftspolitischen Anspruch der Konkreten Kunst tatsächlich zu verwirklichen.[10] Nach dem Ende der Gruppe EFFEKT 1968 fokussiert sich Hackers Blick auf die gesellschaftspolitische Bedeutung der Kunst und die damit verbundene Notwendigkeit, den Kunstbegriff und das Selbstverständnis als Künstler radikal zu hinterfragen. 1970 fasst er dies in einer seiner politischen Tafeln (Abb. S. 68, 69) zusammen:

»Das wesentliche Merkmal der aktuellen Kunst ist die ständige Erweiterung der bildnerischen Mittel und der visuellen Erfahrung. Der Zweck dieser Erweiterung ist das Vermitteln von Vergnügen. Das Vergnügen, das diese Kunst bereitet, ist eines an schönen Dingen, klaren Gedanken oder überraschenden Spielen. Der Besitzer des Vergnügens hat an ihm genug.

---

[7] Nach der epochalen Ausstellung »The Responsive Eye« im Museum of Modern Art 1965 waren auch auf der Documenta 4 1968 viele Künstler der NEUEN TENDENZEN gezeigt worden.
[8] Siehe hierzu: Susann Scholl, Die Neuen Tendenzen – Entwicklung einer europäischen Künstlerbewegung, in: Kat. Ausst. Die Neuen Tendenzen – Eine europäische Künstlerbewegung 1961-1973, Tobias Hoffmann (Hrsg.), Museum für Konkrete Kunst Ingolstadt, Ingolstadt 2006, S. 17-33.
[9] »Vor der Schwierigkeit, einen neuen gesellschaftlichen Standpunkt zu finden, hat die Masse der bildenden Künstler kapituliert. Trotzig ziehen sie sich auf ihr traditionelles Terrain zurück und versuchen, nicht wahrzunehmen, daß sie immer weiter aus dem kulturellen Leben der breiten Bevölkerung gedrängt werden.« (Dieter Hacker, Ein Modell: Die 7. Produzentengalerie, in: Kunstforum international, Band 37, Mainz 1980, S. 141).
[10] »Die konkrete/serielle/kinetische Kunst der 60er Jahre hatte eine ausgeprägte – wenngleich nur allgemein formulierte – politische Komponente. Die Idee der Planbarkeit von Kunstwerken, auch die Idee der interaktiven Beziehung von Betrachter und Kunstwerk hatten eine radikal-demokratische Intention.« (Dieter Hacker, Der rechte Winkel in mir, S. 24).

Seine neuen Erfahrungen sind folgenlos. Politische Kunst vermittelt auch neue visuelle Erfahrungen. Aber nicht irgendwelche. Das Vergnügen, das sie bereiten kann, ist nicht Selbstzweck. Die Erfahrungen, die sie vermittelt, müssen verwertbar sein. Ihre Mittel sind klar und zielorientiert. Das Ziel ist die Entwicklung einer sinnvollen gesellschaftlichen Funktion von Kunst.«

Thesenhaft formuliert Hacker in dieser Zeit seine Überzeugungen und nutzt dabei das Medium Schrift für seine Kunst. Mit plakatartigen Bannern oder mit wie Werbetafeln eingesetzten Aufstellern sucht er mit seinen Positionen den Kontakt zum Publikum und suggeriert schon in der Präsentationsweise den Schritt in den öffentlichen Raum. Der gesellschaftspolitische Ansatz, der in vielen Werken der NEUEN TENDENZEN vorhanden war, hat sich von einer auf Struktur und Raster basierenden Formensprache gelöst. Die Forderung der Gruppe EFFEKT, mit der Kunst den Rezipienten ohne vermittelnde Instanz direkt anzusprechen und dazu die etablierten Institutionen des Kunstbetriebs zu verlassen, will Hacker nun durch die Methodik der Werbetafeln und Plakatwände verwirklichen.

1971 eröffnet Hacker die so genannte »7. Produzentengalerie« und entwickelt damit für sich eine völlig neue Kunstform.[11] Er stellt nun keine Einzelwerke mehr her, sondern kuratiert Ausstellungen zu Themen, die ihm relevant erscheinen. Vielfach erscheinen begleitend zu den Ausstellungen Zeitungen und Kataloge. »Ich bin kein Galerist und ich stelle keine anderen Künstler aus. Alle Ausstellungen sind also von mir selber, oder sie entstehen in Zusammenarbeit mit Kollegen. [...] Im Laufe der Arbeit hat sich so ein Ausstellungskatalog entwickelt, der zwischen zwei Polen plaziert ist: kritisch-analytische Ausstellungen über Kunst- und Vermittlungsprobleme und andererseits Ausstellungen, in denen Beispiele neuer Formen von Volkskunst gezeigt und diskutiert werden. Der Ansatz meiner Ausstellungen ist oft sehr persönlich. Ich bearbeite also ein Thema, wenn es mich selbst betrifft, wenn ich aber andererseits glaube, daß es in gewisser Weise prototypisch ist.«[12] Mit seinen politischen Bildern und dem Konzept der Produzentengalerie gehört Dieter Hacker in den siebziger Jahren neben Joseph Beuys, Wolf Vostell, Klaus Staeck, KP Brehmer und Hans Haacke zu den führenden Vertretern der politischen Kunst in Deutschland,[13] die sich mit ihren konzeptuellen Arbeiten als Gegenposition zur Malerei des politischen Realismus verstehen.

**Volkskunst**

In seinen Ausstellungen zur Volkskunst – überwiegend Fotografie-Ausstellungen – gelingt es Hacker, die Rollenverteilung im Prozess der Kunstentstehung und -rezeption neu zu formulieren. So zeigt Hacker 1974 in der Ausstellung »Alles ganz große Scheiße!! Dokumente einer Blockade.«[14] eine Sammlung von Zeitungen, die von einer Zeitungsausträgerin

[11] Als Vorbild nennt Hacker die »Galerie für kollektive Kunst« von Bernhard Sandfort, Ben Vautiers »Laboratoire 32« und Joseph Beuys´ »Studentenpartei«. Zur Produzentengalerie siehe auch: Kat. Ausst. Die politische Arbeit des Künstlers beginnt bei seiner Arbeit – 7. Produzentengalerie Dieter Hacker Zwischenbericht 1971–1981, Berlin 1981.
[12] Dieter Hacker, Ein Modell: Die 7. Produzentengalerie, in: Kunstforum international, Band 37, Mainz 1980, S. 143.
[13] Siehe hierzu z. B. die Ausstellung »Kunst im politischen Kampf« im Kunstverein Hannover 1973.
[14] »Um leben zu können, trägt Frau B. Zeitungen aus. Sie trägt ihre Zeitungen nicht nur aus, sondern liest sie auch. Sie liest sie nicht nur, sondern denkt sich ihren Teil und schreibt, was sie denkt, auf die Zeitungen drauf. Aus der Zeitung des Hauses Springer macht sie ihre eigene. Ihre Zeitung aber gibt sie niemandem zum Lesen – liest sie nur selbst und stapelt sie in ihrer Wohnung.
Was Frau B. tut, ist auf Verständigung angelegt, aber den entscheidenden Schritt zur Kontaktaufnahme macht sie nicht. Würde sie ihre kommentierte Zeitung weitergeben, würde sie also zur Debatte stellen, was sie meint, müßte sie mit der Erschütterung ihrer Überzeugungen rechnen. Abhängig von den Erfahrungen, die sie im Laufe ihres Lebens gemacht hat – ständige Vertreibung, Isolation, Leben mit dem Existenzminimum – könnte sie diese Erschütterungen nicht verkraften. Ihre Überzeugungen sind das einzige, was ihr Sicherheit gibt.
Die Zeitungen von Frau B. sind Dokumente ihrer Blockade.
An Frau B. ist nicht das Wichtigste ihr persönliches Schicksal. An ihr wird nur besonders deutlich, was ein Problem für jeden von uns ist: Kommunikationsstörungen, deren Ursache kaum in unserer individuellen Unfähigkeit liegt, sondern in den gesellschaftlichen Bedingungen, unter denen wir leben.« (Dieter Hacker, Plakattext zur Ausstellung: »Alles ganz große Scheiße!! Dokumente einer Blockade.«).

Publikationen der
7. Produzentengalerie

gehortet und mit größtenteils bitterbösen Kommentaren zum Zeitgeschehen versehen wurden. Er greift damit Objekte aus der außerästhetischen, sozialen Realität und einer damit verbundenen Problemstellung auf und modifiziert sie durch sein künstlerisches Eingreifen und die Präsentationsform der Ausstellung. Das Kunstwerk – die Ausstellung – entsteht durch das Zusammenspiel der Zeitungsausträgerin Frau B., dem Künstler und den Besuchern der Ausstellung. In der Ausstellung wird Frau B. als Volkskünstlerin vorgestellt, der es unbewusst gelingt, eine relevante gesellschaftspolitische Problemstellung zu thematisieren.[15] Der Künstler tritt völlig in den Hintergrund, da er nur Entdecker und Sichtbarmacher der Volkskunst ist. Fast wie ein Forscher präsentiert er, ohne dass eine individuelle Handschrift erkennbar ist, in seinen Ausstellungen die Ergebnisse seiner Gesellschaftsanalysen. Durch das Konzept der Produzentengalerie tritt Hacker dabei mit dem Publikum gesellschaftlich unmittelbar und nicht über den Umweg institutionalisierter Kunstvermittlung in Kontakt. Auch der Rezipient schlüpft in eine neue Rolle, insofern als die Ausstellung und damit das Kunstwerk nur funktionieren, wenn es zu einer dialogischen Interaktion zwischen Künstler und Publikum kommt. Der Werkbegriff ist fast aufgelöst, da die Objekte der Ausstellung immer nur ein Ausschnitt, ein Teilaspekt oder eine Momentaufnahme aus einem längerfristigen sozialen Prozess sind.

[15] »Volkskunst hat nichts zu tun mit Sonntagsmalerei und Hobbykeramik. Volkskunst – in einem neuen Sinne – bezeichnet die Fähigkeit von Individuen, außerhalb der Angebote der Freizeitkreativität, mit ästhetischen Mitteln sich zu äußern und Öffentlichkeit zu suchen. Es ist eine Kunst, die nicht die Darstellung des »guten Alten« ist, sondern der Ausdruck fantasievollen Widerstandes gegen Unterdrückung und Sprachlosigkeit in ihren mannigfaltigen Formen.« (Dieter Hacker, Ein Modell: Die 7. Produzentengalerie, in: Kunstforum international, Band 37, Mainz 1980, S. 141).

[16] »Zum anderen meine ich, darf man als Künstler nicht einfach zufrieden sein mit den Wegen, auf denen die Kunst ihren Weg in die Gesellschaft findet. Dies zu sehen und zu ändern, gehört mit zu den Aufgaben des Künstlers, und es bedeutet für mich Erfolg, wenn ich sehe, dass man mit Alternativen wie der Produzentengalerie auch auf die etablierten Institutionen wirkt, die sich über ihre Funktionen Gedanken machen und ihre Vermittlungsformen ändern. Wer sich mit weniger zufrieden gibt, nur mit dem Freiraum des Ateliers, verrät eigentlich die Ansprüche, die Kunst erhebt und die immer utopisch sind, auch auf dem Bereich der Vermittlung.« (Dieter Hacker in: Walter Grasskamp, Der Künstler als Kritiker – Ein Gespräch mit Dieter Hacker über die dummen Bilder, in: Kunstforum international, Band 37, Mainz 1980, S. 148).

Alles ganz große Scheiße!!
Dokumente einer Blockade.
1974
Ausstellungsansicht

## Kritisch-analytische Ausstellungen über Kunst- und Vermittlungsprobleme

Der zweite Schwerpunkt der Produzentengalerie liegt bei den kritisch-analytischen Ausstellungen. Hacker greift hier besonders kunst- und kunstbetriebsimmanente Fragestellungen auf. Die Rolle der Kunst und des Netzwerks, in das sie eingebettet ist, immer wieder neu zu überdenken und damit nach neuen Wegen, Formen und Möglichkeiten für die Kunst zu suchen, ist eine der Triebfedern des Kunstschaffens von Dieter Hacker.[16] In der Produzentengalerie nutzt Hacker die Möglichkeit, den Diskurs über die Kunst öffentlich zu führen. Er thematisiert in einer Ausstellung eine Problemstellung und geht damit unmittelbar an die Öffentlichkeit. In der Ausstellung »Welchen Sinn hat Malen? (2.Versuch)«, die Hacker 1975 zeigt, konfrontiert er sich und die Besucher der Ausstellung mit der grundsätzlichen Frage nach der aktuellen Relevanz von Malerei. Nur während der Öffnungszeiten der Galerie malt der Künstler Dieter Hacker, der bis zu diesem Zeitpunkt selbst keinerlei Erfahrung mit der Malerei hat, sein erstes Bild und diskutiert mit den Besuchern über Malerei. Der Rezipient nimmt damit direkt am Produktionsprozess von Kunst teil, wobei nicht das Gemälde das Kunstwerk ist, sondern der Prozess des Malens und die Diskussion darüber. Das Gemälde ist nur das materielle Substrat eines Kommunikations- und Interaktionsprozesses.

In der Ausstellung »Dumme Bilder« (Abb. S. 83–91) fordert Hacker zum grundsätzlichen Nachdenken über fehlerhaftes Selbstverständnis einiger künstlerischer Positionen auf und wendet sich mit seinen Thesen ganz provokativ auch an seine Künstlerkollegen.[17] Mit dieser ganz offen in einer Ausstellung zur Schau gestellten Kritik hofft er, eine offene Diskussion über Rolle und Verständnis der Kunst auszulösen.

»Die Subjektivität dieser Dummen Bilder ist programmatisch und nicht zuletzt deswegen so provokativ eingesetzt, weil ich das kulturpolitische Klima in Deutschland so käsfüßig, langweilig und geistlos gerade in der Auseinandersetzung unter den Künstlern finde, daß ich es für eine wichtige Aufgabe halte, überhaupt erst mal eine vitale Debatte wieder ins Leben zu rufen.«[18]

In einer sehr idealistischen Weise versucht Hacker mit dieser Ausstellung in der Produzentengalerie einen Kunstdiskurs anzustoßen, wie er zu Beginn der Avantgardebewegung in den zwanziger Jahren möglich, aber an der Schwelle der achtziger Jahre mit ihrer postmodernen Beliebigkeit wohl nicht mehr denkbar ist – worauf Walter Grasskamp mit seiner Frage in einem Interview im Kunstforum damals schon anspielt.[19]

---

[17] »Mittlerweile meine ich aber, daß man Kritik an der Kunst nicht außerhalb reflektieren soll, sondern im Kunstwerk selbst, in einer Ausstellung. Da Ausstellungen die Kunstform sind, in der ich arbeite, habe ich Dumme Bilder als monologische Ausstellung gemacht, aber mit der Veröffentlichung kommt natürlich schon eine Auseinandersetzung in Gang, die ich auch erwarte und beabsichtige.« (ebd., S. 146).
[18] Ebd., S. 147.
[19] Grasskamp: »Ist es nicht nostalgisch, so wie Du noch einmal auf das Wiederaufleben großer kunstpolitischer Debatten zu hoffen, wie man sie zu Anfang des Jahrhunderts um die futuristische, die dadaistische und surrealistische Kunst geführt hat? Ist es nicht ein Indiz für den Bedeutungsverlust von Kunst, wenn nicht mehr die Federkriege der Avantgarde zu finden sind, sondern nur noch fader Nachhuttratsch?« (ebd.).

**Kritik des Konstruktivismus**

Hackers Kunst spiegelt in vielen Werken eine kritische Reflexion der utopischen Konzepte der frühen Avantgarde wider. Die gilt natürlich besonders für seine Auseinandersetzung mit dem Konstruktivismus. Unter dem Titel »Kritik des Konstruktivismus« wird sie 1972 in der Produzentengalerie zum Thema einer Ausstellung und mit einer Zeitung dokumentiert (Abb. S. 118). Hackers Frühwerk ist in seiner Formensprache und seinem theoretischen Ansatz problemlos der konkret/konstruktivistischen Kunst der sechziger Jahre zuzuordnen. Der Wandel zum politischen Künstler und die Aktivitäten in der Produzentengalerie lassen zunächst einen Bruch mit dem Konstruktivismus vermuten. Und tatsächlich verurteilt Hacker auf den ersten Seiten der zur Ausstellung »Kritik des Konstruktivismus« erschienenen Zeitung deutlich die zeitgenössischen Formen des Konstruktivismus als utopielosen Manierismus und greift dabei auch eigene Positionen der sechziger Jahre an.[20] Warum also widmet Hacker dem Konstruktivismus ein Jahr nach Gründung der Produzentengalerie eine Ausstellung, wenn er ihn derart abzulehnen scheint?

Überraschenderweise bezeichnet sich Hacker auch 1972 als Konstruktivist und verbindet deshalb seine Kritik mit einer deutlichen Aufforderung zum Umdenken in der Kunst unter Beibehaltung des Begriffs Konstruktivismus.

»Konstruktivismus ist ein Konzept, Kunst zu machen, das noch lebt und sich entwickelt. [...] Wir sind selber Künstler und zwar Konstruktivisten. Kritik am Konstruktivismus ist für uns die Voraussetzung zum Weiterarbeiten. [...] Wir kritisieren den Konstruktivismus, weil er uns interessiert.«[21]

Weniger die Verurteilung des Konstruktivismus steht deshalb im Vordergrund der Ausstellung »Kritik des Konstruktivismus«, als vielmehr der Versuch, die eigene künstlerische Position zu formulieren und mit dem Begriff Konstruktivismus zu verbinden. Hacker fordert den unbedingten Realitätsbezug der Kunst[22] und konstatiert gleichzeitig einen Pluralismus der methodischen Ansätze in der zeitgenössischen Kunst. Gerade jedoch in diesem Pluralismus liegt die Gefahr, dass Kunst nur noch auf Kunst reagiert, dass ein methodischer Ansatz der einen Kunstrichtung auf die Problemstellung der anderen antwortet. Die Kunst droht, in die Isolation zu geraten,[23] weil sie sich nur noch um sich selbst dreht und die Rezipienten nicht mehr erreicht.[24] Die Möglichkeit zur geforderten »kopernikanischen Wende« sieht Hacker im »dialektischen Konstruktivismus«.[25] Mit dem Formenrepertoire des klassischen Konstruktivismus hat dieser nichts mehr zu tun;[26] ganz im Gegenteil dazu lehnt Hacker eine gestalterische Festlegung geradezu ab. Der »dialektische Konstruktivismus« muss permanent im Wandel sein und auf neue Fragestellungen neu reagieren können und immer den unmittelbaren Kontakt zu den Rezipienten suchen. Als mögliche Verwirklichung dieses

**Kritik des Konstruktivismus.**
25. April – 25. Mai 72

**7. Produzentengalerie** (Dieter Hacker)
1 Berlin 30  Grainauerstrasse 12

[20] »Jede Kunstrichtung neigt im Laufe ihrer Entwicklung dazu, manieriert zu werden. Beim Konstruktivismus ist diese Tendenz nicht mehr zu übersehen. Für Tatlin und Lissitzky war der Realitätsbezug noch ein wesentlicher Aspekt ihrer Arbeit, wenn auch ihre Vorstellung von der möglichen Rolle der Kunst in der Gesellschaft so fehlerhaft war, daß ihre Arbeit, so wie sie selber sie sahen, praktisch scheiterte.
Also: Malewitsch, Mondrian, Tatlin, Lissitzky, de Stijl und Bauhaus waren das Optimum dessen, was Kunst in ihrem gegenwärtigen Zustand zu leisten vermag und sind eher das Gegenteil von dem, was wir als Manierismus bezeichnen würden. Eine kleine Renaissance dieser Situation erlebte der Konstruktivismus um 1960. Was in dieser Zeit gemacht wurde, weist nur bedingt Merkmale des Manierismus auf – bedingt durch die Mängel, die wir in den anderen Kapiteln zu zeigen versuchten. Diese Kunst war aber wenigstens noch vital, hat die Leute aufgeregt und wenigstens manche zum Sehen und Denken animiert. Aber was ist daraus geworden! [...] Schmalspur. Was wir an Malewitsch und Tatlin kritisiert haben, kann man dem neueren Konstruktivismus nicht vorwerfen. Seine Utopie oder seine Utopien sind nicht zu kritisieren, weil er keine hat. Das naive Bedürfnis der einen nach Verwissenschaftlichung – steckt dahinter eine Utopie? Ist der Glaube der anderen an die Aktivierungsmöglichkeiten des Publikums durch Spiele, ist das etwa eine Utopie? Oder die Vasarely-Stadt, oder das Saharaprojekt von Mack?« (Dieter Hacker in der Zeitung der Produzentengalerie zur Ausstellung Kritik des Konstruktivismus, Berlin 1972, s.p.).
[21] Ebd.

Ideals bietet er das Konzept der Produzentengalerie und die damit verbundenen Zeitungen an.[27]

Es sind offensichtlich zwei Aspekte, die Hacker und Sandfort[28], mit dem er gemeinsam die »Sätze des irdischen Konstruktivismus« am Ende der Zeitung publiziert, am Konstruktivismus interessieren. Zum einen ist dies die seit Beginn des Konstruktivismus erhobene Grundforderung nach einer rationalen Kunst.[29] Eine subjektive Kunst, die die Gefühle und Ängste des Individuums Künstler zum Ausdruck bringt, wurde von den Konstruktivisten in scharfer Abgrenzung etwa zum Surrealismus immer abgelehnt. Auch das Konzept der Produzentengalerie verfolgt eher einen rationalen Ansatz. Bei den Volkskunstausstellungen werden gesellschaftliche Problemstellungen thematisiert und in den kritisch-analytischen Ausstellungen kunstimmanente Fragen zwar oftmals subjektiv gestellt, aber durch das Medium der Produzentengalerie eine Plattform für einen objektiven Diskurs dieser Fragen mit dem Publikum geschaffen. Der Künstler als Individuum tritt auch beim Konzept der Produzentengalerie in den Hintergrund.

Der zweite wichtige Aspekt, der vor allem im Konstruktivismus in den zwanziger Jahren eine entscheidende Rolle spielte, war die gesellschaftspolitische Relevanz von Kunst.[30] Gerade aufgrund des rationalen Ansatzes fühlte sich der Konstruktivismus berufen, am Aufbau einer neuen Gesellschaft mitzuarbeiten und die gesellschaftlichen Problemstellungen objektiv thematisieren zu können.[31] Hacker und Sandfort sehen gerade in diesem utopischen Potenzial des Konstruktivismus die eigentliche Leistung und gleichzeitig das Scheitern der Avantgardebewegung der zwanziger Jahre, da das gesellschaftspolitische Engagement beim Formulieren von Utopien stehen geblieben ist. Der »dialektische Konstruktivismus« greift nun tatsächlich in den Volkskunstausstellungen gesellschaftsrelevante Probleme auf und bietet im Diskussionsforum der Produzentengalerie eine Plattform zur Artikulation. So schafft dieser neue Konstruktivismus den Sprung von der Utopie in die Realität und ist deshalb ein »irdischer Konstruktivismus«.[32]

Mit sehr viel Lust an Ironie und Polemik greifen Hacker und Sandfort in der Ausstellung »Kritik des Konstruktivismus« diesen für ihr Frühwerk prägenden Begriff auf. Sie wenden sich gegen ein formalistisches Verständnis und für eine offene und den zeitgemäßen Fragestellungen entsprechende Weiterentwicklung der Ideale des Konstruktivismus. Damit knüpfen sie durchaus an eine historische Diskussion über das Verständnis des Konstruktivismus an. Denn in den zwanziger Jahren wurde lange darüber gestritten, ob Konstruktivismus als Haltung oder als Stil aufgefasst werden soll.[33]

---

[22] »Die ganze Kunst steht in dialektischem Spannungsverhältnis zu dem, was wir landläufig als Realität bezeichnen. Sie ist ein eigener Organismus mit eigenem Leben, der aber nur lebendig bleibt durch seine Auseinandersetzung mit der Realität. Kunst ist ein soziales Faktum. Ihre Qualität ist deshalb nicht nur davon abhängig, wie virtuos sie ihr Vokabular beherrscht, sondern entscheidend vom richtigen oder falschen Bewußtsein ihrer Epoche.« (ebd.).

[23] »Aber kann denn von einem, wenigstens der Tendenz nach richtigen Bewußtsein der einen oder anderen Kunst oder der ganzen avantgardistischen Kunst die Rede sein? Hat sich etwa irgendeine Kunstrichtung mit dem Grundproblem aller avantgardistischen Kunst, dem ihrer Isolation, ernsthaft beschäftigt oder gar Konsequenzen aus ihrer Einsicht gezogen? Der Pluralismus ihrer Methoden reicht offenbar nicht aus, um die Kunst zu so etwas wie einer kopernikanischen Wende ihres Denkens zu veranlassen. Und die hätte sie nötig.« (ebd.).

[24] »Kunst ist spätestens seit dem Kubismus krankhaft fixiert an die Erfindung immer neuerer Ausdrucksmöglichkeiten. Dabei geht, was sie ausdrücken will, oft in dem auf, wie sie es ausdrückt. Was sie sagen will, versteht nur noch derjenige, der weiß, was es bedeutet, es so zu sagen. Das ist der Mehr- oder Wenigerfachmann. Künstler sind Mehr- oder Wenigerfachmänner. Künstler also kritisieren, was andere Künstler zeigen und auch sie zeigen. Auch sie drücken sich durch Kunstwerke aus und auch sie halten sich an die Spielregeln, deren wichtigste heißt: Neues machen, Neues machen! Der ganze schöne Pluralismus ist also hauptsächlich ein Reagieren der einen Kunstrichtung auf eine andere, immer auf der Ebene der Kunst, oft auf hohem Niveau und folglich unter Ausschluß der Öffentlichkeit.« (ebd.).

[25] »Dialektischer Konstruktivismus wäre also einer, der nicht wieder einmal Wahrheiten aus dem hohlen Bauch erfindet, sondern einer, der ein paar Wahrheiten finden will. Dialektischer Konstruktivismus wäre also eine Kunst, die ihre Schwierigkeiten mit der Realität zu ihrem eigenen Thema macht. [...] Dabei wäre gerade der Konstruktivismus – aber eben nicht das, was man heute so bezeichnet – dazu geeignet, die Reflexion seiner eigenen Situation in sich aufzunehmen, deshalb, weil er die einzige Kunstrichtung ist, die den Willen hat, rationale Kunst zu machen.« (ebd.).

[26] »Die Freiheit in der Gesellschaft ist verbunden mit dem aufklärenden Denken. Dies – die Freiheit in der Gesellschaft – wäre doch eine brauchbare Utopie. [...] Seine aufklärende Intention beeinflußt das Aussehen des dialektischen Konstruktivismus. [...] Mit seiner traditionellen Sprache – den geometrischen Formen, schönen Farben, Klötzchen, Pünktchen, Lämpchen und mehr oder weniger raffinierten Anordnungen dieser Dinge – ist das allerdings nicht zu machen. [...] und nicht mit der romantischen Liebe der Künstler zu Reinheit und Rationalismus.« (ebd.).

[27] »Konstruktivismus, der sich den Bedingungen sozialen Handelns aussetzen will, muß beständig seine eigenen Auswirkungen überprüfen, und seine Mittel unter dem Gesichtspunkt der Wirksamkeit an der sich ständig ändernden gesellschaftlichen Wirklichkeit überprüfen. Solche Kunst müßte zwar dauernd bemüht sein, verständlich zu machen, müßte aber gleichzeitig alle Gewöhnungen, alles Erlernte immer wieder stören und in Frage stellen. Gerade das Austragen der Schwierigkeit – Neues sagen zu müssen, das Neue aber gleichzeitig zu vermitteln – wäre die notwendige Arbeit des dialektischen Konstruktivismus. Um die leisten zu können, reicht es nicht aus, Bilder zu malen. Um das unverfälscht mitteilen zu können, was sie denken und fühlen und auch das Richtige zu denken und zu fühlen, müssen Künstler den direkten Kontakt zu ihrem Partner herstellen. Sie brauchen ihre eigenen Galerien und ihre eigenen Zeitungen.« (ebd.).

[28] Bernhard Sandfort war wie Dieter Hacker Mitglied der Künstlerbewegung NEUE TENDENZEN und verfolgte zunächst mit der »Galerie für kollektive Kunst« und später mit seinem »Augenladen« in Mannheim ein ähnliches Konzept wie Hacker in seiner Produzentengalerie.

**Der rechte Winkel im malerischen Werk Dieter Hackers**

Auf den ersten Blick lassen die großformatigen und figurativen Bilder von Hacker nun tatsächlich den endgültigen Bruch mit der konstruktivistischen Vergangenheit vermuten. Und doch entsteht in dieser Werkphase eine Reihe von Bildern, in denen Hacker sich auf ironische Weise auf die Positionen des Konstruktivismus bezieht. Der Künstler Dieter Hacker als Maler ist eigentlich ein zufälliges Ergebnis der Produzentengalerie. Malerei als künstlerische Ausdrucksweise hatte Hacker in mehreren Ausstellungen zum Thema gemacht und dabei völlig unbeabsichtigt seine eigene Begeisterung fürs Malen geweckt, und so entstehen im Laufe der siebziger Jahre die ersten Gemälde. Einer dieser frühen Arbeiten gibt Hacker den Titel »Die Anstreicher beginnen ihre eigene Zukunft zu malen« (Abb. S. 105). Sie entsteht für das Schaufenster der Produzentengalerie anlässlich der Ausstellung »Aufklärung und Agitation in der Kunst der Bundesrepublik« 1976. Hacker bezieht sich mit der Formensprache auf El Lissitzky, setzt jedoch den Maler gleich noch mit ins Bild. Er ist mit seiner Schiebermütze deutlich als Arbeiter und nicht als Künstler zu identifizieren. Nach der Utopie des Konstruktivismus war die Kunst keine l'art pour l'art mehr, sondern sollte maßgeblicher Teil eines gesellschaftlichen Erneuerungsprozesses sein, der die

[29] »Klarheit und Einfachheit wären nicht mehr wichtig ihrer Schönheit wegen, sondern wegen ihrer Verstehbarkeit. Und die romantische Liebe zum Rationalismus müßte zu einer Vernunftehe werden. Denn Rationalität ist nur gut, wenn sie für etwas gut ist. Der dialektische Konstruktivismus ist ein irdischer Konstruktivismus.« (ebd.).
[30] »Einführung der Kunst in das Leben als eines Elements, das in der allgemeinen Entwicklung mitwirkt und von den Veränderungen in den anderen Gebieten des menschlichen Schaffens mitabhängig ist, vor allem von der Technik. Unteilbarkeit der Probleme der Kunst und der sozialen Probleme. Der Konstruktivismus will keinen Stil als eine unveränderliche Schablone bilden, die sich auf die einmal erfundenen und angenommenen Formen stützt.« (Mieczysław Szczuka, Was ist Konstruktivismus?, in: Blok, Jg. 1, Heft 6/7, Warschau 1924, zitiert nach: Kat. Ausst. Europa, Europa – Das Jahrhundert der Avantgarde in Mittel- und Osteuropa, Stanisławski, Ryszard und Brockhaus, Christoph (Hrsg.), Bundeskunsthalle Bonn, Bonn 1994, S. 212).
[31] »Die konstruktivistische Kunst ist keine abbildende Kunst, weil ihr sozialer Inhalt nicht eine an den Haaren herbeigezogene Lehre, sondern von immanenter Lebendigkeit ist, und weil sich diese dialektische Lebendigkeit nicht auf individuelle oder individualisiert dargestellte massenpsychologische Probleme konzentriert.« (Erbö Kállai, Konstruktive Form und sozialer Inhalt, Akasztott Ember [Der Gehenkte], Jg. 1, Wien 1922, S. 4 f.; zitiert ebd. S. 42 f.).

Die Anstreicher beginnen ihre
eigene Zukunft zu malen
1976
Schaufenster der 7. Produzentengalerie anlässlich der
Ausstellung »Aufklärung
und Agitation in der Kunst
der Bundesrepublik«

[32] »Der irdische Konstruktivist erforscht/entwickelt die Realität zwischen Gefühl und Verstand. Ihn interessiert die Entwicklung menschlicher Eigenschaften. Er ist irdisch, weil er sinnlich ist, und erweitert den Bereich der sinnlichen Wahrnehmung und Entfaltung. Er ist konstruktiv, da er das Bewußtsein, das unser Sein bestimmt, anspitzt. Er hat keine Vorbilder. Er studiert weniger die Literatur (Lenin, Mondrian und Freud was für Sechsjährige) sondern die Aussagen und Gewohnheiten seiner Nachbarn. Er begreift das Bestehende im Vergleich mit dem Möglichen als makaber und lächerlich. In Situationen produziert er ungewöhnliche Konflikte der Teilnehmenden zwischen ihrer Gewohnheit des Denkens und Verhaltens, und der noch nicht ganz zerstörten Phantasie. Er begreift was er tut nicht allein, sondern nur im Austausch mit anderen. Sein Auftraggeber ist nicht die Kirche, das Museum, der Staat, sondern der sich von ahnungslosen Zwängen befreiende Mensch.
Kunst ist ausführende Selbstbestimmung des Menschen. Die Welt des klassischen Konstruktivismus ist endlich. Unsere Welt ist unendlich, – Dialektik und Aleatorik die Methoden unserer Bestimmung. Der irdische Konstruktivismus ist eine individuelle Dynamik, der Produktion gesellschaftlicher Reize.
Diese Sätze beschreiben unsere Arbeit am 15. April 1972
(Bernhard Sandfort Dieter Hacker)« (Dieter Hacker und Bernhard Sandfort in der Zeitung der Produzentengalerie zur Ausstellung Kritik des Konstruktivismus, Berlin 1972, s.p.).
[33] »Vor allem ist festzustellen, daß der Konstruktivismus eine neue Ideologie in dem Bereich der menschlichen Tätigkeit ist, die sich bis jetzt Kunst nennt. Er ist keine Kunstrichtung, die wir beschreiben könnten. [...] Eine derartige Auslegung des Konstruktivismus würde ihn nicht über die Ebene einer Strömung innerhalb der Kunst hinausheben. Doch der Konstruktivismus versteht sich nicht als Versuch, die Stil-Ästhetik in eine Ästhetik der Industrie umzuformulieren. Er versteht sich als Bewegung gegen die Ästhetik und all ihre Erscheinungsformen in den verschiedensten Bereichen der menschlichen Tätigkeit.« (Varvara Stepanova am 22. 12. 1921 in einem Vortrag am INChUK, zitiert nach: Kat Ausst. Europa – das Jahrhundert der Avantgarde in Mittel- und Osteuropa, Stanislawski, Ryszard und Brockhaus, Christoph (Hrsg.), Bundeskunsthalle Bonn, Bonn 1994, S. 196).

Alltagswelt des Menschen modern umgestalten und die sozialen Probleme der Arbeiterschaft beheben sollte. In Hackers Bild ist diese von ihm in der Ausstellung »Kritik des Konstruktivismus« als nicht realisierbar kritisierte Utopie des Konstruktivismus nun so umgesetzt worden, dass sich wohl an der sozialen Rolle der Arbeiter nichts geändert hat, diese aber dafür nun selbst alle konstruktivistische Künstler geworden sind. Die Hoffnung auf eine bessere Zukunft hat sich für sie nicht erfüllt, dafür sind sie nun auch malende Utopisten – sie dürfen sich ihre Zukunft ausmalen.

In dem Bild »Jede Farbe passt zu jeder anderen« (Abb. S. 111) von 1994 sieht man die Silhouette eines Malers von hinten vor einer großen Bildfläche stehen und gerade das letzte von 49 Farbfeldern ausfüllen. Die Bildfläche, die der Maler malt, ist identisch mit der tatsächlichen Größe des Bildes. Das Bild wird im Bild gerade gemalt. Mit dem Titel bezieht sich Hacker auf die lange Tradition der Farbtheorien, auf den Versuch, den Umgang mit Farbe zu systematisieren. »Jede Farbe passt zu jeder anderen« ist schon im Titel die Ablehnung jeder Farbsystematik und gleichzeitig wird diese programmatisch klingende Aussage ins Irrationale gezogen. Denn jedem Betrachter der wohl ausgewogenen Farbklänge auf Hackers Bild dürfte sehr schnell klar werden, dass der Satz als so generell formulierte Aussage nicht stimmen kann.

Auch in seinen Gemälden reflektiert Hacker also über die Möglichkeiten der Kunst und der Malerei im Speziellen. Nach den konkret/konstruktiven Werken der sechziger Jahre, den politischen Bildern und den Ausstellungen der Produzentengalerie in den siebziger Jahren findet Hacker in der Malerei einen dritten methodischen Ansatz, der es ihm auf neue Weise erlaubt, das Wesen und die Struktur des künstlerischen Prozesses zu hinterfragen. Es lässt sich also ein Bogen spannen von den ersten »Körper-Arbeiten« an der Münchner Akademie, in denen Hacker die Systematisierung und Rationalisierung des künstlerischen Prozesses untersuchte, über beispielsweise die Ausstellung »Dumme Bilder« und ihre Frage nach dem Sinn künstlerischer Fragestellungen bis zum Bild »Jede Farbe passt zu jeder anderen«. Immer entwickelt Hacker eine analytisch-systematische Herangehensweise, die doch zu einer spielerisch-subtilen und sinnlichen Umsetzung führt. Das Zusammenspiel von Ratio und Emotio ist für den Entstehungsprozess der Werke charakteristisch. Ihre dialektische Vereinigung in der Kunst macht den »Rechten Winkel« aus, der Dieter Hacker auch in seiner Malerei nicht los lässt.

**DER RECHTE WINKEL IN MIR**
*Dieter Hacker*

Den rechten Winkel in mir bemerkte ich zum ersten Mal 1960. Mit 18 Jahren betrat ich die Akademie der Bildenden Künste in München um Künstler zu werden. Ein Student, der sich auf der Freitreppe sonnte, beschrieb mir die verschiedenen Professoren und ihre Klassen. »Beim Geitlinger«, sagte er, »sind die wilden Kerle.« Da wollte ich hin und da fing ich auch an.

Nun waren die wilden Kerle in unserer Klasse nicht Bierkrüge schwenkende Zausel, nein, sie entsprachen in keiner Weise den Künstlerklischees. Ernst Geitlinger achtete bei der Auswahl seiner Studenten auf das experimentelle Potenzial. Folglich gab es in unserer Klasse kaum Maler, denn malen konnte man, wie Geitlinger sagte, in den meisten anderen Klassen lernen. Es gab kaum Staffeleien, es roch nicht nach Ölfarbe und Terpentin, es lagen nur selten Aktmodelle herum, kurzum, das Klassenatelier entsprach kaum den Vorstellungen, die ich mir bis dahin von einem Atelier gemacht hatte.

Ich empfand anfangs die Atmosphäre als klösterlich. Viele Studenten arbeiteten an Tischen, ein wenig wie Mönche in der Klosterbibliothek. Die vorherrschende Farbe war Weiß. Es wurde gerne diskutiert. Es herrschte ein geistiges Klima, wie ich es später an einer Kunsthochschule nie wieder gefunden habe. In diese, für mich neue Welt stürzte ich mich mit einem Kopfsprung.

Mein erstes eigenständiges Projekt, nach einigen Wochen Eingewöhnung, war der Versuch, die Vielfalt der Kompositionsmöglichkeiten, derer man sich als Künstler üblicherweise intuitiv bedient, zu systematisieren. Ich schnitt einen Stapel von 10 × 10 cm großen Zetteln und begann mit Zirkel, Lineal und Tusche diese 100 Quadratzentimeter zu organisieren: symmetrisch, asymmetrisch, mit bildnerischen Elementen wie mit Kreisen, Quadraten und Rechtecken, Dreiecken und freien Formen. Am Donnerstag kam Ernst Geitlinger zur Klassenbesprechung. Ich zeigte ihm einen Stapel von etwa 80 Zeichnungen und erklärte meine Ideen zur Planbarkeit von Kunstwerken. Er schwieg, zog an seiner Pfeife, bekam einen roten Kopf und mit mühsam beherrschter Stimme fuhr er mich an: »Das geht nicht, die Kunst kann man nicht systematisieren, zum Glück nicht, denn sonst wäre sie stinklangweilig.« Natürlich hatte er recht. Aber bis ich das begriff, vergingen noch ein paar Jahre.

Dieter Hacker
im Seifenblasenraum
1965

**Analytische Phase**

1961 fertigte ich den ersten »Körper« einer langen Reihe - aus Holz, gespachtelt, geschliffen, matt schwarz lackiert, 18 × 18 × 3 cm (Abb. S. 8). Diesen Körper konnte man in die Hand nehmen. Die Idee dahinter war absolute Reduktion der bildnerischen Mittel, radikaler noch als etwa das Bild von Malewitsch »Das schwarze Quadrat«, das immerhin noch die Merkmale eines traditionellen Tafelbildes aufwies: Keilrahmen, Leinwand, Textur der Leinwand, Rahmen.

Interessanterweise entstand aber nicht das beabsichtigte extrem rationale Bild, sondern eher ein mystischer Gegenstand. Zu meiner großen Freude entdeckte ich Jahre später meinen schwarzen Körper wieder in Stanley Kubricks Film »Odyssee im Weltraum« als schwarzen Monolith, der die Urkraft – oder Gott – verkörperte.

Dieser Vorgang wurde mir in Ansätzen zwar bewusst und einige Jahre später arbeitete ich damit, die Tür zur Komplexität der Kunst wieder zu öffnen, aber in der Zeit von 1961 bis 1964 interessierte mich das radikal transparente Kunstwerk. In der umfangreichen Serie der »Weißen Körper« (1961/62; Abb. S. 23, 37) war auch die Farbe eliminiert und ersetzt durch die Beziehungen der Körper untereinander. Was an sinnlichem Eindruck jedem Körper blieb, definierte ich als »Intensität«. Die Intensität jedes Körpers unterschied sich, abhängig vom Verhältnis Länge-Breite-Tiefe. Um festzustellen, ob die sinnliche Erfahrbarkeit der Körper objektivierbar war, stützte ich mich nicht mehr auf mein eigenes ästhetisches Urteil, sondern auf eine Befragung von 100 Testpersonen. Jede Testperson bekam einen Körper in die Hand, mit der Aufgabe, aus allen anderen Körpern denjenigen auszuwählen, der hinsichtlich der »Intensität« diesem Körper entsprach. Beispielsweise konnte ein sehr dicker quadratischer Körper einem extrem rechteckigen Körper entsprechen, oder ein sehr kleiner quadratischer Körper einem sehr großen quadratischen Körper. Jede Testperson hatte also die Aufgabe, die relativ große Anzahl von Körpern auf diese Weise zu systematisieren. Nach Abschluss der Testserie lag ein Arsenal von unterschiedlich dimensionierten Körpern vor, deren ästhetische Beziehungen untereinander objektiviert waren. Zumindest hoffte ich das.

Ab 1962 versuchte ich das Testverfahren auf neues bildnerisches Material anzuwenden. Der »Neckersche Würfel« ist eine Figur aus der Wahrnehmungsphysiologie, die im Kopf des Betrachters eine Scheinbewegung auslöst. Die scheinbar vordere Fläche kann auch hinten gesehen werden, die scheinbar hintere auch vorne. Die Dynamik dieser Scheinbewegung definierte ich auch mit dem Begriff »Intensität«. Wie bei den »Weißen Körpern« versuchte ich, die jeweilige »Intensität« einer Versuchsanordnung nicht alleine festzulegen, sondern durch relativ umfangreiche Tests zu objektivieren. Der dabei am weitesten gehende Versuch sollte 1964

Ensemble mit weißen Körpern
1961
2 von 24 Körpern

in der Ausstellung »Nouvelle Tendance« in Paris stattfinden, in der ich dem Publikum nicht eigene Arbeiten zeigen wollte, sondern umgekehrt das Publikum als Testpersonen nutzen wollte, um die statistische Basis zu verbreitern. Dieses Vorhaben scheiterte allerdings. Ich glaube es scheiterte, weil einige von meinen Künstlerkollegen, die Organisatoren dieser Ausstellung waren, mein Projekt reichlich schrullig fanden und die organisatorischen Voraussetzungen nicht zur Verfügung stellten.

In einer Mappe mit 10 Siebdrucken stellte ich 1963 einige Ergebnisse aus den Tests zusammen, ergänzt durch eine zwanzigseitige theoretische Arbeit mit dem Titel »Scheinbewegungen an Rastern mit illusionsräumlichen Elementen« (Abb. S. 43). Diese Bemühungen um Objektivierbarkeit sinnlicher Eindrücke waren eingebettet in die Avantgardekunst der 60er Jahre. In der Ausstellung und dem Katalog »Die Neuen Tendenzen - Eine europäische Künstlerbewegung 1961–1973« im Museum für Konkrete Kunst, Ingolstadt, 2006/2007, wurde diese Kunst ausführlich vorgestellt.

Mit dem ausgeprägten Theorieanteil dieser konkreten/seriellen/kinetischen Kunst haben Klaus Staudt und ich uns fragmentarisch auseinandergesetzt: In einer von uns organisierten Vortragsreihe »studium aestheticae novae« (1964 im Deutschen Institut für Film und Fernsehen in München) und einem im Anschluss 1965 von uns herausgegebenen Buch

»Drei Probleme aus dem Bereich der Informationsästhetik« (mit den Autoren Kurd Alsleben, Abraham A. Moles und François Molnar im Selbstverlag). Ein Aspekt sollte noch erwähnt werden, da er Ausgangspunkt für meine spätere Arbeit wurde. Die konkrete/serielle/kinetische Kunst der 60er Jahre hatte eine ausgeprägte – wenngleich nur allgemein formulierte – politische Komponente. Die Idee der Planbarkeit von Kunstwerken und auch die Idee der interaktiven Beziehung von Betrachter und Kunstwerk hatten eine radikal-demokratische Intention. Der Verzicht auf bildnerische Hierarchien zugunsten von statistischen Anordnungen der Bildelemente beispielsweise, war durchaus auch als gesellschaftliches Modell zu verstehen.

**Interaktive Kunst**

Die Frömmsten entwickeln sich manchmal zu den größten Sündern und umgekehrt. Der radikaldemokratische Anspruch, den viele Künstler der Neuen Tendenzen durch ihre Arbeit stellten, führte bei einigen Kollegen zu einer Reglementierungswut, über die sich Karl Valentin gefreut hätte. Spätestens die Inthronisation von vier Koordinatoren, von denen jeder für ein Land zuständig war, und der Versuch, ein Regelwerk aufzustellen, das die Korrektheit der künstlerischen Arbeit überprüfen sollte, führte zu unterschiedlichen oppositionellen Aktivitäten.

Was mich persönlich betraf, so schien mir die Rigorosität meiner bisherigen Untersuchungen auch nicht gefeit gegen die Gefahr der Verabsolutierung. Und Verabsolutierung ist der Tod der Kunst - das Gefühl hatte ich. Meine Waffe war die Ironie - nicht selten die Selbstironie, denn Ironie ist Gift für den Tyrannen und sei es der Tyrann in einem selbst. Ein Beispiel dafür war das »Essbild«, 1965 (Abb. S. 55). Die Oberfläche eines schwarzen tischähnlichen Objekts (60 × 60 × 78 cm) war in 400 Felder eingeteilt, von denen jedes mit einem Schokoladenbonbon mit weißem Pfefferminzüberzug gefüllt war. Das Publikum durfte die weißen Bildelemente aufessen, wodurch sich natürlich das Bild veränderte. Wie man das Bild aufaß, darauf kam es an: aß man sich chaotisch voran oder entwickelte man eine ästhetische Strategie.

Das »Mausbild«, 1965, eine gemeinsame Arbeit meiner Kollegen aus der Gruppe EFFEKT und mir, war ein schwarzes Hochhaus (90 × 90 × 30 cm) mit 8 Stockwerken, das von 15 weißen Mäusen bewohnt wurde. Die Bewegungen in diesem kinetischen Objekt entstanden durch die zufälligen Auftritte der Mäuse. Auch im »Seifenblasenraum«, 1965, ging es um Kinetik, Spiel, Zufall und Partizipation des Publikums, aber - wie man vielleicht merkt - mit der Absicht, vom hohen Podest der Reinheit wieder herabzusteigen.

Gruppe EFFEKT
Karl Reinhartz
Walter Zehringer
Helge Sommerrock
Dieter Hacker

Gruppe EFFEKT
Mausbild
1965
90 × 90 × 30 cm
Holz, Glas, 15 weiße Mäuse

Diesen Prozess der Popularisierung entwickelte die Gruppe EFFEKT, die Karl Reinhartz, Helge Sommerrock, Walter Zehringer und ich 1965 in München gründeten, konsequent weiter. Die Absicht, bildende Kunst zu popularisieren, vielleicht vergleichbar der anspruchsvollen Popmusik, war verknüpft mit Skepsis gegenüber dem traditionellen Museums- und Galeriebetrieb, den wir als elitär empfanden. In einer Art Manifest forderten wir 1965 einen neuen Ausstellungstyp, der zugunsten neuer Orte wie Gärten, Strände, Höfe, Straßen usw. weitgehend auf die etablierten Kunstinstitutionen verzichten sollte und stattdessen Veranstaltungen wie Filmvorführungen, Dichterlesungen, Konzerte und Vorträge einbeziehen sollte – einen Wanderzirkus der Künste. In einer Reihe von Ausstellungen versuchten wir dieses Projekt zu entwickeln. Diese Veranstaltungen kann man sich vorstellen als eine Folge von kinetischen Environments, in denen sich das Publikum spielend, beobachtend und lernend bewegen konnte.

Etwa zwei Jahre später löste sich die Gruppe EFFEKT auf, nicht zufällig etwa zeitgleich mit dem Entstehen einer außerparlamentarischen politischen Bewegung in der Bundesrepublik. Den radikalsten Weg ging dabei Helge Sommerrock, die in der folgenden Zeit die bildende Kunst als zu wenig konsequent aufgab, um politisch zu arbeiten.

### Politische Ausstellungen / Politische Bilder

Mein eigener Weg der zunehmenden Politisierung führte nicht weg von der Kunst. Mich interessierte eine politisch-gesellschaftliche Phänomene reflektierende Kunst. Die Forderung von Godard, nicht politische Filme zu machen, sondern Filme politisch zumachen, versuchte ich aufzugreifen. Das hieß also, nicht politische Bilder zu machen, sondern Bilder politisch zu machen.

Diesen Vorgang beschrieb Christos M. Joachimides in seinem Text »Einen Berg besteigen« für den Katalog meiner Ausstellung in der Städtischen Galerie im Lenbachhaus München, 1981: »Die Schärfung des politischen und gesellschaftlichen Bewusstseins Ende der 60er Jahre trifft in Hackers frühem Werk auf diese Disposition zur Veränderung. 1968 entstehen die ersten Arbeiten einer politischen Kunst; Mahntafeln eines aufgestörten Bewusstseins, Aufforderungsschilder für ein verändertes Kunstverständnis, Baukästen für neue Denkansätze. Auffällig ist dabei, dass Hacker absichtlich auf frühe Formen seiner konstruktivistischen Arbeit zurückgreift, auf die »Körper« von 1961, um das formale Gerüst für die inhaltlichen Botschaften der neuen politisch-theoretischen Arbeiten zu erstellen. Ähnliches kann man bei der Fortentwicklung der frühen Kisten-Objekte sagen, die jetzt anstatt mit lackierten Kunststoffelementen, mit Holzbuchstaben gefüllt und dadurch fürs Bauen von »Denksätzen« handhabbar geworden sind. Beiden – den schwarz auf weiß beschrifteten Tafeln wie den

Holzbuchstaben in den Kisten – liegt ein klarer rationaler Gestaltungswille zugrunde, der in einem Spannungsverhältnis zu den inhaltlichen Botschaften, die sie tragen, steht. Das veränderte Kunstverständnis verlangt nach Veränderung in der Kunstproduktion und -vermittlung. Eine Konsequenz, die Dieter Hacker mit der Ausstellung »Selbstproduktion« 1969 in der Werkkunstschule Offenbach, im Ansatz vollzog. Er baute in der Ausstellung ein Haus aus Klarsichtfolie und Latten, womit er symbolhaft den eigenen Ort für eine eigene, veränderte Kunstpraxis bezeichnete, und blieb während der Ausstellung ständig präsent, wobei er in Diskussionen mit dem Publikum eine Art Keimzelle der künftigen Produzentengalerie entwickelte.«

### Die 7. Produzentengalerie

1970 zog ich von München nach Berlin um. 1971 eröffnete ich die 7. Produzentengalerie. Dieser Entschluss wurde durch mehrere Erfahrungen ausgelöst: die Politisierung des Denkens - auch in der Kunst - seit etwa 1968, schlechte Erfahrungen, die ich mit Galeristen gemacht hatte und das Beispiel meines Freundes Bernhard Sandfort, der in Berlin-Kreuzberg 1969 seine »Galerie für kollektive Kunst« eröffnet hatte, die er so beschrieb: Ein Laden mit Schaufenster, in dem ich arbeitend lebe. Ich schaue aus dem Fenster, meine Nachbarn schauen rein - wir begegnen uns. Ich male meine Bilder, baue Ausstellungen auf und ab und denke öffentlich.«

7. Produzentengalerie, das hieß nicht, dass es schon sechs weitere gab. Die Produzentengalerie war als Modell für möglichst viele Künstler gedacht, ihre eigenen Produktionsmittel zu entwickeln und auf diese Weise größere Unabhängigkeit zu gewinnen – sowohl geistig, als auch ökonomisch. In der Ausstellung »Kunst im politischen Kampf« im Kunstverein Hannover, 1973, habe ich versucht, die Idee der Produzentengalerie folgendermaßen zu beschreiben: Wenn wir Künstler gesellschaftlich relevante Arbeit machen wollen, dann müssen wir versuchen, den heutigen Begriff von Kunst so zu verändern, dass sie zu einem allgemein akzeptierten und benutzten Mittel der Verständigung wird. Zielgerichtet verändern kann man nur, was man kennt. Ein Schritt zur Entwicklung politischen Bewusstseins wäre also, die Reflexion der eigenen Arbeit in sich aufzunehmen. Die politische Arbeit des Künstlers beginnt bei seiner Arbeit. Produzentengalerien werden von Produzierenden betrieben, nicht von Kaufmännern. Produzentengalerien sind ein neues Medium, das Künstler entwickeln, um ihr gestörtes Verhältnis zu ihrem Publikum und untereinander zu entstören. Produzentengalerien sind öffentlich und liegen an der Straße. Durch seine eigene Galerie ist der Künstler mit seinem Publikum nicht mehr durch einen Kunsthandel verbunden, der darauf achten muss, dass beide voneinander getrennt bleiben. Durch seine eigene Galerie lernt der Künstler die Adressaten seiner Arbeit und ihre Interessen kennen.

Das verändert ihn, seine Arbeit und sein Publikum. Das Prinzip der Vermittlung der eigenen künstlerischen Arbeit hat Tradition. Besonders die Künstler des Berliner DADA fanden neue Veranstaltungsorte und Veranstaltungsformen, da sie von den etablierten Galerien und Museen kaum beachtet wurden. Ben Vautier besaß von 1958 bis 1972 in Nizza einen eigenen Laden, der ursprünglich »Laboratoire 32« hieß. Joseph Beuys engagierte sich seit Beginn der 60er Jahre für die Entwicklung neuer Foren (»Deutsche Studentenpartei«, 1967; »Organisation für direkte Demokratie durch Volksabstimmung«, 1971; »Initiative der Free International University«, 1973), die unter anderem das Ziel hatten, einen hermetisch sich abschließenden Kunstbegriff zu attackieren.

Meine 7. Produzentengalerie eröffnete ich mit dem Plakat »Tötet Euren Galeristen. Kollegen! Gründet Eure eigene Galerie. Gründet eine Produzentengalerie.« Und schloss sie 14 Jahre später und nach 56 Ausstellungen mit der Ausstellung »Aus Liebe«, auf deren Plakat u. a. zu lesen war: »Aus Liebe, wie jeder weiß, werden Kinder gezeugt, Gedichte geschrieben und Morde begangen. Wenn die Menschen reich werden wollen, berühmt oder heilig, wenn sie hassen oder lieben, entwickeln sie eine besondere Kraft. Dies ist die Kraft, die die Welt bewegt.« Die Dinge in unserer Ausstellung, die alle aus Liebe entstanden sind, bewegen vielleicht nicht die Welt, aber sie haben zumindest einen anderen Menschen bewegt. Und damit fängt alles an. Der Katalog der Themen gliedert sich auf zwischen zwei Polen: kritisch-analytischen Ausstellungen über Kunst- und Vermittlungsprobleme und Ausstellungen, in denen Beispiele neuer Formen von Volkskunst gezeigt und diskutiert werden. Volkskunst in diesem Sinn ist zu verstehen als denkbare Alternative zum hoch spezialisierten und professionalisierten Kunstbegriff, mit dem wir heute arbeiten. Denn nicht nur die gelernten Künstler sind schöpferisch. Schärft man den Blick für die Erscheinungsformen individuellen Ausdrucks, findet man ein überraschend großes Spektrum, in dem die Merkmale persönlicher Unverwechselbarkeit nur die einfachsten Formen darstellen. Von diesen bis zu phantasievollen, auf die Emanzipation der Individuen gerichteten Formen organisierten politischen Handelns reicht der Spielraum, der die Grundlage einer neuen Volkskunst sein könnte. Die Zukunft der Kunst ist verbunden mit der Entwicklung einer verbreiteten ästhetischen Artikulationsfähigkeit. Ohne diese solide Basis ist sie verurteilt, in esoterischen Zirkeln zu verkümmern und zum Konsumgut abzusinken.

Beide Komplexe, Ausstellungen über Kunst- und Vermittlungsprobleme sowie Volkskunst, haben miteinander zu tun und wurden bewusst durch die Reihenfolge der Ausstellungen aneinander gerieben. Beispiele aus dem Komplex der kritisch-analytischen Ausstellungen sind: »Kunstkritik ist ein stumpfes Messer«, 1971; »Kritik des Konstruktivismus«, 1972; »Unsere Nationalgalerie«, 1973; »Welchen Sinn hat malen?«, 1974;

»Aufklärung und Agitation in der Kunst der Bundesrepublik«, 1976; »Dumme Bilder«, 1978. Beispiele aus dem Komplex der Volkskunst sind: »Volkskunst«, 1972; »Millionen Touristen fotografieren den schiefen Turm von Pisa. Wie viele halten ihren Fotoapparat schief?«, Ausstellung über Amateurfotografie, 1974; »Bürger werden am Kopf mit Sendern angepeilt, belauscht, angeredet, verfolgt, gefoltert. Beispiele eines Widerstandes«, 1975; »Politisch fotografieren«, 1977; »Aus Liebe«, 1984.

Eine zentrale Ausstellung für mich persönlich war die »Kritik des Konstruktivismus«, 1972, da sie auch eine Aufarbeitung meiner eigenen Vergangenheit als Konstruktivist und Kinetiker war (Abb. S. 118). Nach meiner damaligen Überzeugung war der Verfall des Konstruktivismus aber nicht nur mein Privatproblem. So war die »Kritik des Konstruktivismus« gleichzeitig eine Abrechnung mit einer Kunst, die ihre utopische und spekulative Kraft eingebüßt hatte und zur Dekoration verkommen war.

Da ich kein Kunsthistoriker bin, behandelte ich das Thema auch nicht wie ein Kunsthistoriker. Kritik am Konstruktivismus war für mich die Voraussetzung zum Weiterarbeiten. Ich versuchte den Konstruktivismus so zu verstehen, dass sein wesentlicher Kern – der Rationalismus – nicht auf bildnerische Formalismen beschränkt blieb, sondern erweitert wurde zu einer tendenziell rationalen Kunstpraxis. In diesem Sinne waren beispielsweise die Ausstellungen, die sich mit den Problemen, aber auch mit dem Sinn des Malens beschäftigten, Fortsetzungen und Erweiterungen meiner früheren Arbeit als Konstruktivist.

Zwischen 1974 und 1984 befasste ich mich in acht Ausstellungen mit dem Thema Malerei. Der Auslöser war 1974 eine Anfrage der Gesamthochschule Kassel. Für eine Professur für Bildende Kunst entsprach ich anscheinend als politischer Künstler den Vorstellungen eines Teils des Lehrkörpers. Ganz anders waren die Wünsche der Studenten. Die Studenten wollten einen Maler. Ich entschloss mich, auf diesen Wunsch soweit einzugehen, dass ich an der Hochschule einen Vortrag hielt mit dem Thema »Welchen Sinn hat malen?«. Ich versuchte, in diesem Vortrag von einer kritischen Position aus die Probleme aber auch die Möglichkeiten von Malerei als aktuelles künstlerisches Medium zu untersuchen. Dies aber war keineswegs das, was die Studenten wollten. Die Studenten wollten einen Lehrer, der ihnen zeigt, wie man Leinwände aufspannt und grundiert, eine Komposition anlegt und der Maltechniken vermittelt.

Aus dieser Auseinandersetzung mit der Malerei als aktuelles Medium entstand 1974 die erste Ausstellung in der 7. Produzentengalerie über Malerei mit dem Titel »Welchen Sinn hat malen?«.

Ein Jahr später, 1975, griff ich das Thema von neuem auf unter dem Titel »Welchen Sinn hat malen? (2. Versuch)«, diesmal aber mit der Absicht nicht mehr nur zu argumentieren, sondern meinen Blick auf die Malerei mit

bildnerischen Mitteln darzustellen. Ich wollte ein Bild malen, ein Bild über die Frage »Welchen Sinn hat malen?«. Dieses Bild malte ich ab dem 3. März 1975 während der Öffnungszeiten meiner Galerie. Die Gespräche mit den Besuchern wurden auf Tonband aufgezeichnet. Alle Tonbänder, alle Vorarbeiten und die restlichen Malmaterialien (da ich ja nie wieder malen wollte) kamen in einen Sack. Der Sack gehört zum Bild. Das Bild allein also reicht nicht aus, seine eigene Problematik zu erklären. Es benötigt den Kommentar. Der Kommentar ist das Material im Sack.

Das Bild war fertig. Das Bild war zwar fertig, aber wider Erwarten war das Thema Malerei damit nicht erledigt. Im Gegenteil. Durch das eigene Malen eröffnete sich ein ganz neues Spektrum von Fragen. Ich hatte Blut geleckt.

In den folgenden Jahren begann ich zu malen; parallel zu meinen Ausstellungen in der 7. Produzentengalerie entstanden große Bilder und alle Bilder über das Malen. Meine ersten acht Bilder stellte ich unter dem Titel »Bilder übers Malen« in der Galerie Renè Block in Berlin aus - nicht in der 7. Produzentengalerie. Auf der Einladungskarte stand: »Nachdenken über das Malen und malen. Nachdenken, weil heute ein Bild zu malen etwas anderes bedeuten müsste als in der Vergangenheit. Malen, weil dennoch Wichtiges unverändert geblieben ist. Aber was ist das Dauernde an der Malerei und was hat sich verändert? Gelingt es, Nachdenken und Malen zu einer Handlung zu verbinden und ist die Reflexion über Malerei mit den Mitteln der Malerei zu führen? Und wenn es möglich ist, Schwierigkeiten gegenwärtigen Malens zum Thema des Bildes zu machen, offenbaren sie sich dem Beschauer, oder ist der Maler zur narzisstischen Verliebtheit in sein eigenes Werk verurteilt?«

1984 beendete ich die Arbeit in der 7. Produzentengalerie. Warum? Mein kleines Lädchen, die 7. Produzentengalerie, schien mir zunehmend so klein, zu klein um die Welt, die so groß und bunt war, aufzunehmen. Und für die Malerei, die sich zu meinem bevorzugten Medium entwickelte, war die Produzentengalerie nicht der richtige Vermittlungsort.

### Malerei

Für die Malerei gab es ja gut funktionierende Orte der Vermittlung, die Galerien und die Museen mit ihren Sammlungen wunderbarer Bilder. An denen wollte ich mich in Zukunft messen. In einem kleinen Gedicht habe ich bei Gelegenheit versucht, diesen Wettbewerb zu beschreiben:

Ich gehe gern ins Museum, obwohl das sehr anstrengend ist.

Museen, die ich noch nicht kenne, suche ich auf mit der Vorfreude und Aufregung, mit der man – wie ich mir vorstelle – eine attraktive Kusine besucht, von der man schon einiges gehört hat. Aber schnell und regelmäßig wird aus dem lasziven ein Konkurrenzverhältnis und gewöhnlich verlasse ich das Museum aufgeregt und erschöpft. Bei Museen, in denen ich zu Hause bin, weiß ich schon, was mir blüht. Auf Präliminarien lasse ich mich da gar nicht mehr ein. Ich setze mich vor eines der Bilder und hänge im Geist eines meiner eigenen Bilder daneben. Dann betrete ich - auch als Geist - wie ein unvoreingenommener Besucher den Raum. Wird mein Bild dem Vergleich standhalten? Wird es standhalten?

Zuweilen kommt ein Museumswärter und fragt, ob es mir nicht gut ginge.

Dieter Hacker
hinter Spielobjekt

Die Thematik meiner Bilder hat sich erweitert. Aber noch immer ist es für mich ein MUSS, in meine Bilder gewissermaßen einen Widerhaken einzubauen, der den gefälligen Konsum verhindern und zum Nachdenken zwingen soll. Darüber schreibt Eberhard Roters 1990 in seinem Text »Die lange Fahrt« für den Katalog meiner Ausstellung in der Galerie Brusberg: »Im Oktober 1989 ist das Gemälde »Die Vertreibung« entstanden. Es nimmt nicht Wunder, sondern scheint fast selbstverständlich, dass der Künstler, der ins Paradies zurückgestoßene Sünder, im dunklen Spiegel auch den Voreltern des Menschen selbst begegnet. Adam hat den Arm hinter Eva emporgehoben. Aus Adams über sein Haupt gehobener Linker (nicht seiner Rechten) strömt ein weißglühendes Bündel Licht. Es ist das Urbild all jener Suchlichter aus Scheinwerfern und Taschenlampen in Hackers Bildern. Es ist das forschende menschliche Bewusstsein, mit dessen suchender, tastender, konturierender und definierender Schärfe er die Traumsphäre durchdringt. Es ist das Licht der menschlichen Erkenntnis.«

Eduardo Arroyo hat seine Arbeit charakterisiert als ständige Revolte gegen den Zwang zur Spezialisierung. Dem schließe ich mich an. Und den roten Faden, der meine Arbeit durchzieht, von 1960 bis zur Gegenwart, möchte ich mit den Worten von Christos M. Joachimides beschreiben: »Die Weigerung, einen ihn kennzeichnenden Stil zu kultivieren, diese Neugier, immer wieder unverbrauchte kreative Herausforderungen anzunehmen und sie in den Kontext der eigenen übergreifenden ästhetischen Theorie einzubeziehen, sind die Grundpfeiler einer ästhetischen Praxis, die zur Revision des traditionellen Künstlerhabits drängt und zur Reflexion der eigenen Arbeitsbedingungen auffordert, mit dem Ziel, ihre Veränderung von Grund auf zu vollziehen.«

**BILDTEIL**
**Konstruktive und interaktive Arbeiten**

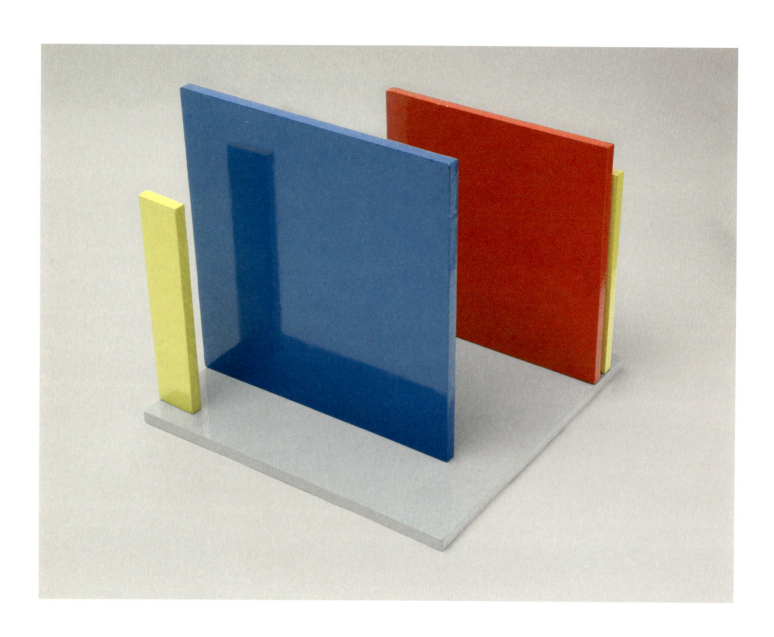

Mobiles Objekt
1960
Holz, Lack
45 × 45 × 40 cm

Mobiles Objekt
1960
Holz, Lack
30 × 16 × 32 cm

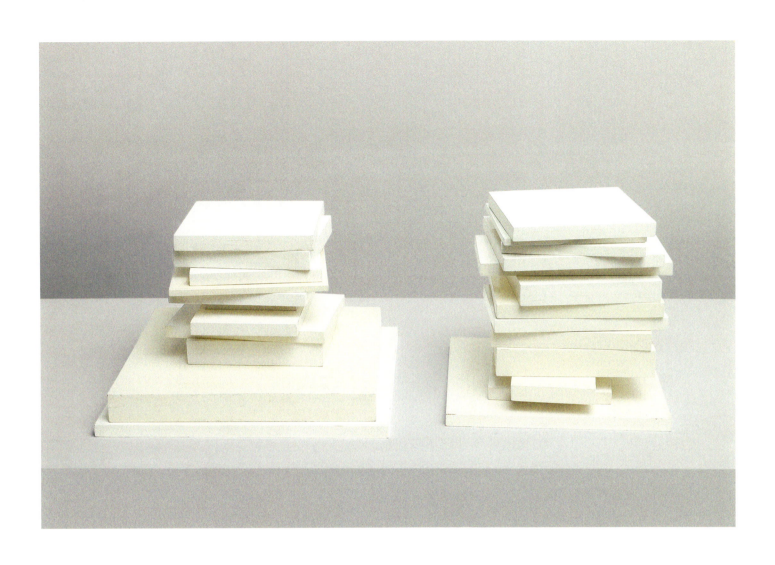

Ensemble mit weißen Körpern
1961
Holz, Lack
24 Körper in verschiedenen Größen

Körper
1961/62
Holz, Lack
34 × 24 × 2,5 (mit Aufhängung 4,5) cm

Körper
1961/62
Holz, Lack
50 × 50,3 × 1,9 (mit Aufhängung 3,8) cm

Körper
1961
Holz, Lack
18 × 18 × 3 cm

Körper
1961/62
Holz, Lack
20 × 20 × 3,7 cm

Körper
1961/62
Holz, Lack
zweiteilig, 29,1 x 27 x 2,1 cm und
27,1 × 29,2 × 1,5 cm

Körper
1961/62
Holz, Lack
37 × 40 × 4 (mit Aufhängung 17,5) cm

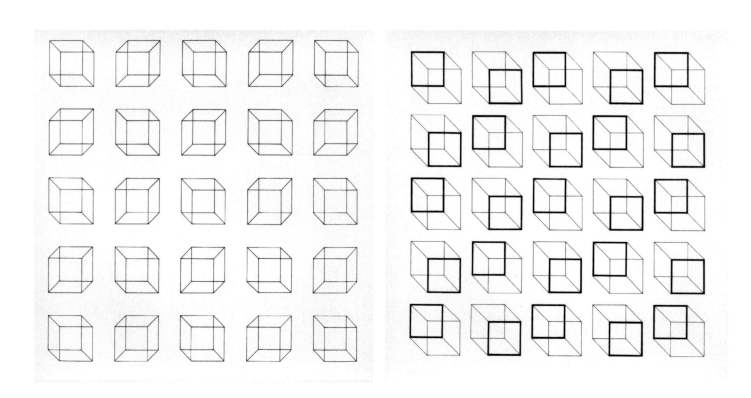

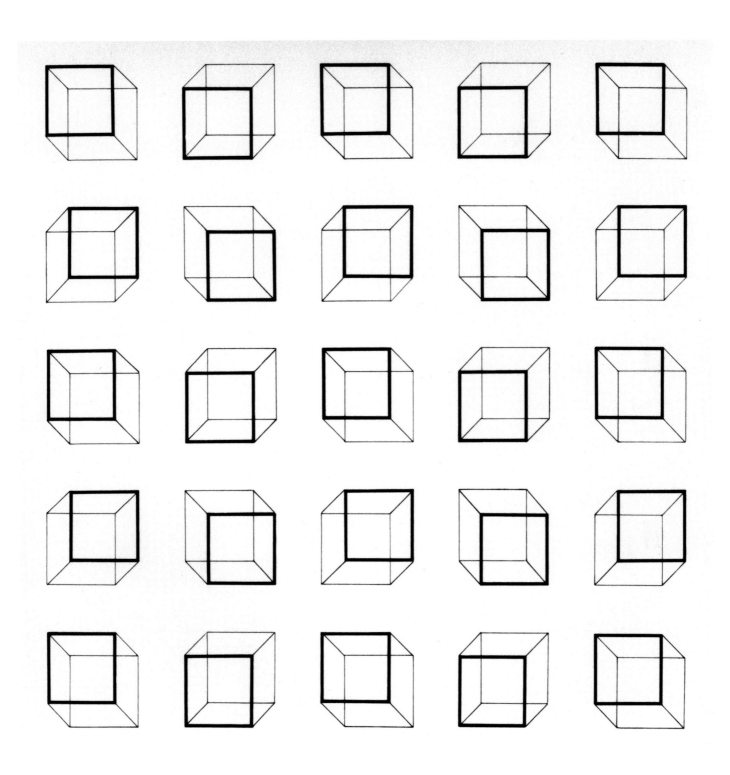

Neckersche Würfel
1963
Siebdruck
10 Siebdrucke, je 63 × 63 cm

Spielobjekt
1964/65
Plexiglas, Wasser, Spülmittel
40 × 42 × 4,7 cm

Spielobjekt
1964/65
Holz, Lack, Drahtfeder
49 × 49 × 9 cm

Spielobjekt
1964/65
Holz, Lack, Drahtfeder
45 × 45 × 11 cm

Spielobjekt
1964/65
Holz, Lack, Plexiglas, weißer Stoff
45 × 45 × 3,3 cm

Spielobjekt
1964/65
Plexiglas, Holz, Lack
45 × 45 × 4,9 cm

Spielobjekt
1964/65
Plexiglas, Holz, Lack
35 × 35 × 8,5 cm

Spielobjekt
1964/65
Holz, Lack, Plexiglas, blauer Stoff
30 × 30 × 4,5 cm

Kinetisches Objekt
1964/65
Plexiglas, Papier, Metall, Elektromotor
77,2 × 24 × 11,8 cm

Spielobjekt
1965
Aluminium, Nylonschnüre
je Ø 13 cm

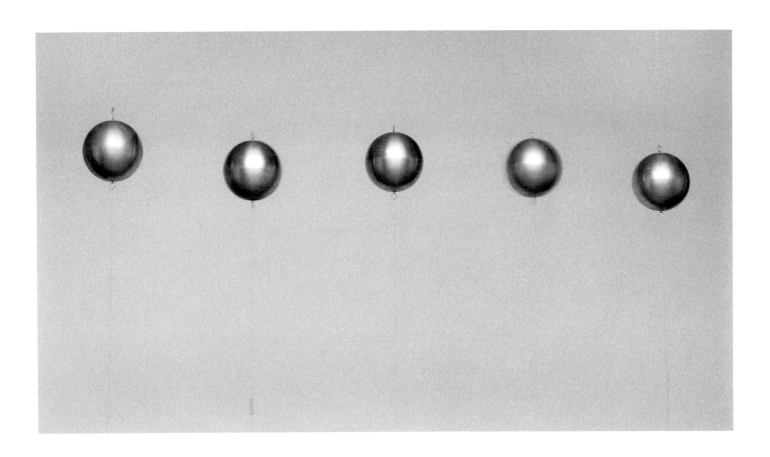

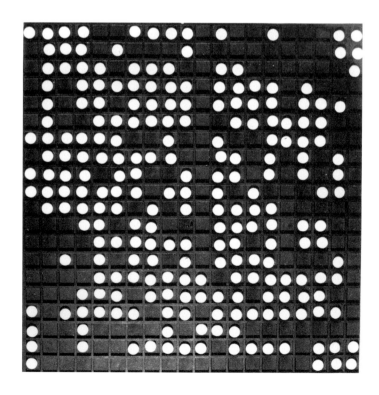

Essbild
1965
Holz, Metall, Schokolinsen
60 × 60 × 78 cm

Multipliziertes Objekt
1967
Holz, Polystyrol, Lack
mehrteilig, Platten je 130 × 66 × 4 cm

Ø 140 cm

Multipliziertes Objekt
1968
Holz, Polystyrol, Lack
Ø 140 cm

Multipliziertes Objekt
1966/67
Holz, Polystyrol, Lack
40,5 × 66 × 40 cm

Multipliziertes Objekt
1966/67
Holz, Polystyrol, Lack
41 × 66,5 × 41,5 cm

Multipliziertes Objekt
1966/67
Polystyrol, Lack, Metall

**BILDTEIL**
Politische Arbeiten und 7. Produzentengalerie

Politische Kunst
1970
Holz, Lack
zweiteilig, je 200 × 200 cm

Das wesentliche Merkmal der aktuellen Kunst ist die ständige Erweiterung der bildnerischen Mittel und der visuellen Erfahrung. Der Zweck dieser Erweiterung ist das Vermitteln von Vergnügen. Das Vergnügen, das diese Kunst bereitet, ist eines an schönen Dingen, klaren Gedanken oder überraschenden Spielen. Der Besitzer des Vergnügens hat an ihm genug. Seine neuen Erfahrungen sind folgenlos. Politische Kunst vermittelt auch neue visuelle Erfahrungen. Aber nicht irgendwelche. Das Vergnügen, das sie bereiten kann, ist nicht Selbstzweck. Die Erfahrungen, die sie vermittelt, müssen verwertbar sein. Ihre Mittel sind klar und zielorientiert. Das Ziel ist die Entwicklung einer sinnvollen gesellschaftlichen Funktion der Kunst.

Politische Kunst
1970
Stoff, Farbe
200 × 200 cm

Einfachheit
1971
Holz, Lack
200 × 100 cm

Zweite Fassung zum Thema Einfachheit: Einfachheit ist schön und nützlich.
Das heisst, im Dienst der Propaganda, die neue Kunst machen kann, bleibt Einfachheit nicht ein ästhetisches Phänomen, sondern sie ist Voraussetzung für Verstehbarkeit.

Wollt Ihr die Kunst als Schlafmittel
oder als Wegweiser? Entscheidet Euch!
Entscheidet Euch!
1970
Holz
50 × 50 × 35 cm (Textlänge ca. 5 m)

In Fragen der Kunst
1970
Holz, Kunststoff, Lack
zweiteilig, je 80 × 80 × 34 cm

Unsere Literatur und Kunst dienen den Volksmassen, vor allem den Arbeitern, Bauern und Soldaten, werden für die Arbeiter, Bauern und Soldaten geschaffen, von ihnen benutzt.

…en der Kunst muss strengstes Gehei…

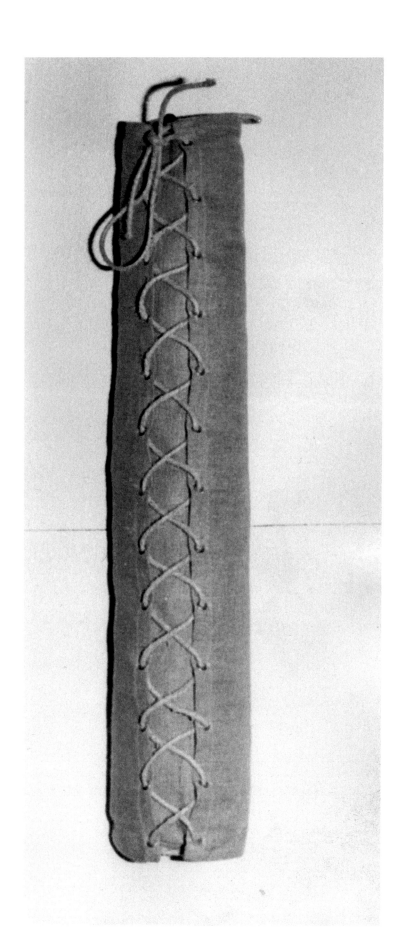

Der Mensch ist das Maß aller Schneider
1970
Stoff

Rote Wolke
1971
Holz, Lack, Kreide
2 Tafeln, je 200 × 100 cm

Was heißt da politischer Realismus und was macht ihr plötzlich für einen Wind drum rum.
Dieses Bild von Guttuso ist nicht realistischer als eines von Kounellis oder von Dibbets und es ist weniger politisch als mein Bild über sein Bild.
Ein Kunstwerk ist nie realistisch. Gerade durch die Eingliederung in die Geschichte seines Mediums, in dem Fall also in die Geschichte der Malerei, distanziert es sich von den Realitäten. Aus dieser Distanz zeigt sie uns Seiten der Wirklichkeit durch ihre Existenz und durch die Art ihrer Existenz.
Guttuso also zeigt uns einiges und andere zeigen uns anderes.
Was die Politik angeht:
Da ist die Unterscheidung von Godard ganz brauchbar. Danach macht Guttuso politische Bilder, aber seine Bilder nicht politisch.

# Dumme Bilder

39. Plakat

Eine Ausstellung vom 4. Dez 78 – 27. Jan 79
Mo – Fr 17 – 19 Uhr   Sa 10 – 14 Uhr

Das Dumme in der Kunst beginnt bei der Ausbildung des Künstlers und endet bei Vermittlung und Rezeption seines Werkes. In diesem drückenden Klima gedeiht das dumme Bild.

Die Dummheit in der Kunst hat Tradition. Seit Kunst sich vom eindeutigen gesellschaftlichen Auftrag befreit hat, kehren sich die Grundlagen ihrer Selbstständigkeit oft auch gegen sie: Die individuelle Verantwortung des Künstlers für sein Werk kann umschlagen zu monomanischem Wirklichkeitsverlust, und die Freiheit der Kunst zur Verlorenheit von Künstler und Publikum. So ist eine Einstellung der Kunst gegenüber entstanden, die das unbestimmte Gefühl für zuständig hält, auf Kosten des Nachdenkens und die das Dumme fördert.

Dummheit in der Kunst ist nichts, was generell zu bestimmen wäre. Dazu ist ihre Erscheinungsweise zu vielfältig. Deshalb werden an neun Bildern - es könnten auch neunzig sein - neun verschiedene Arten von Dummheit gezeigt. An jedem Bild wird nur dessen wichtigster Aspekt bedacht.

Die neun Künstler sind unter Wägung von drei Gesichtspunkten zusammengestellt: den unterschiedlichen Kunstkategorien, die sie vertreten - den verschiedenen Regionen, in denen sie arbeiten und wirken - und dem sie in einem Punkt einigenden dummen Bild. Ihre Zusammenkunft in der Galerie der dummen Bilder aber nivelliert nicht ihre künstlerische Bedeutung. Einige sind wichtige Künstler, andere überflüssig - einige sind Champions, andere Lokalmatadore.

## 7. Produzentengalerie
Dieter Hacker
1 Berlin 15   Schaperstr. 19

Tel. 881 74 31

Dumme Bilder
Ausstellung der 7. Produzentengalerie
1978
Holz, Lack, Kreide
11 Tafeln, je 200 × 100 cm

# Dumme Bilder

Das Dumme in der Kunst beginnt bei der Ausbildung des Künstlers und endet bei Vermittlung und Rezeption seines Werkes. In diesem drückenden Klima gedeiht das dumme Bild.

Die Dummheit in der Kunst hat Tradition. Seit Kunst sich vom eindeutigen gesellschaftlichen Auftrag befreit hat, kehren die Grundlagen ihrer Selbstständigkeit sich oft auch gegen sie: die individuelle Verantwortung des Künstlers für sein Werk kann umschlagen zu monomanischem Wirklichkeitsverlust und die Freiheit der Kunst zur Verlorenheit von Künstler und Publikum. So ist eine Einstellung der Kunst gegenüber entstanden, die das unbestimmte Gefühl für zuständig hält, auf Kosten des Wachdenkens und die das Dumme fordert.

Dummheit in der Kunst ist nichts, was generell zu bestimmen wäre. Dazu ist ihre Erscheinungsweise zu vielfältig. Deshalb werden an

neun Bildern – es könnten auch neunzig sein – neun verschiedene Arten von Dummheit gezeugt. An jedem Bild wird nur dessen wichtigster Aspekt bedacht.
Die neun Künstler sind unter Wägung von drei Gesichtspunkten zusammengestellt: den unterschiedlichen Kunstkategorien, die sie vertreten – den verschiedenen Regionen, in denen sie arbeiten und wirken – und dem sie in einem Punkt einigenden dummen Bild.
Ihre Zusammenkunft in der Galerie der dummen Bilder aber nivelliert nicht ihre künstlerische Bedeutung. Einige sind wichtige Künstler, andere überflüssig – einige sind Champions, andere Lokalmatadore.

Dieter Hacker 78

Yves Klein      "JKB 49" 1960

Das Werk von Yves Klein komprimiert eine Schwäche der innovationsorientierten Avantgardekunst dieses Jahrhunderts: Rebellion gegen verkalkte Kunst und Gesellschaft kastriert sich selber durchs bloß noch obskure subjektivistische Weltbild. Mangelnde Demut – ein Recht des Künstlers und Quelle seiner Kraft – ist gleichzeitig seine wunde Stelle. Durch sie verfällt er der verlockenden Rolle des Guru. Statt kritischer Korrespondenz, die zur Entwicklung seiner Arbeit nötig wäre, erfährt er nur dümmliche Ablehnung oder Gefolgschaft. So wird Yves Kleins Werk vor allem dumm durch seine falsche Rezeption, die gleichwohl in seinem Werk angelegt ist. Seine Darstellung durch die Apologeten verfälscht ihn vom interessanten Experimentator zum mystischen aber buchstäblichen "Boten des Nichts".

Roy Lichtenstein "Liegende Badende" 1977

Roy Lichtenstein "hat eine ihm eigene, unverwechselbare Darstellungsweise zur Verfügung, mit der er jeden fremden Bildgegenstand zu seinem eigenen machen kann". Das ist der Grund seines Abstiegs.

In einer nun schon zehn Jahre alten Werkserie verfolgt er die Kunstgeschichte dieses Jahrhunderts mit der geistreichen Attitüde des Bildzitats. Bar jeder Anstrengung, jeden Widerspruchs und jedweden Engagements erstarrt sein Werk zur Manier.

Die durch kritiklose Überhöhung der Konsumgesellschaft schon beschränkte Potenz der amerikanischen pop-art findet im Spätwerk Roy Lichtensteins ihre Bestimmung und Auflösung: sie verkauft sich an den Meistbietenden.

**Dieter Krieg o.T. 1977/78**

Was für den Geschäftsmann eine lobenswerte Praxis, ist – obwohl von Kriegs Fürsprechern lobend gemeint – ein den Künstler vernichtendes Urteil: "Im richtigen Moment das Richtige zu tun."
Mittlerweile ist der wilden Malerei angelangt, dem scheinbar radikalen Pinselschlag und bemüht einsiges Papier als Bildträger statt der Leinwand, wird uns der Maler auch noch als eine "sperrige Intelligenz" angedient. Tatsächlich gestattet ihm seine Intelligenz die quicke Aneignung dieser Tricks, den schnellen Rollenwechsel – im Augenblick alles Wolfes – die doch nichts anderes ist, als Mangel an eigner Substanz und für den guten Geschmack produzierter "radical chic".

**Jörg Immendorff 1972**

Voll integriert in den nationalen Kunstbetrieb pinkelt Jörg Immendorff diesem unermüdlich ans Bein. Doch dieser Angriff trifft niemand. Radikalität wie die seine gibt dem Salon erst seinen Hautgout. Die Fragen, die er stellt, sind an ihn sogut zu richten wie an die Künstler, an denen er sich reibt. Seine Arbeit demonstriert die Verstrickung in das Dilemma, daß es auch für den politischen Künstler eine andere, als die bürgerliche Kunstvermittlung nicht gibt. Nur über sie läuft der Prozeß der öffentlichen Beachtung. Dümmlich werden Immendorffs Bilder, weil sie diese Verstrickung nicht zugeben, um von da aus beharrlich an ihrer Auflösung zu arbeiten.

Victor Vasarely  "IX, 1966"

Der zweiten Generation der Konstruktivisten ging verloren, was Stärke der ersten war: die kraftvolle und denkenswerte soziale Utopie. Die Utopie einer vernunftvollen Welt, die ihr Gleichnis fand im konstruierten Bild, magerte zur eleganten Bildkonstruktion mit einem sie legitimierenden neuen heilen Weltbild im Hintergrund. Vasarelys Arbeit – gerade weil sie die noch ambitionierteste ist – veranschaulicht die Strukturschwäche des ganz neuen Konstruktivismus. Bestes Indiz dafür ist der widerstandslose Einzug in die Verwaltungsetagen. So illustriert sie die Zukunftsvision von IBM, deren Humanismus das glatte Funktionieren ist und die ein Leben ohne Pein zu planen verspricht.

Hans-Jürgen Diehl  1968
"Der umfunktionierte Student"

Der gemäßigt progressive Anstrich der Leinwand formuliert treffend des Malers politisches Bewußtsein. Es schmückt sich mit dem Wort "kritisch", obwohl doch nur der Blick auf die Zeitereignisse aus der Wohnzimmerperspektive des Spießers dahintersteckt. "Der umfunktionierte Student" ist das gemalte Vorurteil und nicht einmal das ist klar zu bestimmen. An welchen Strippen er hängt, von wem es wie umfunktioniert wird, dazu gibt das Bild keinen Hinweis. Formal wie inhaltlich addiert es eine Reihe von Versatzbildern und kollaboriert so – guter Stellvertreter des "Berliner Realismus" – mit dem Feinden jedes kritischen Gedankens, für deren Amtsstuben es letztlich auch bestimmt ist.

Good morning Mr. President
Ausstellung der 7. Produzentengalerie
1982
21 Zeichnungen
je 26,5 × 18,4 cm

# Good morning Mr. President

## Die Zeichnungen des Präsidenten

26. Febr.–26. März 1982    Mo–Fr. 17–19 Uhr, Sa 12–14 Uhr

Manchmal, schon vor dem Frühstück, während der ersten Telefongespräche, entstehen absichtslos Kritzeleien und Zeichnungen. Später, im Büro oder in den Kabinettsitzungen portraitiert der Präsident nicht selten einen der Mitarbeiter oder Minister oder er versucht einfach beiläufig, während der Gespräche, seiner Stimmung einen Ausdruck zu geben. Skizzen die er mag, nimmt er zuweilen mit nach Hause, um sie in Ruhe zu überarbeiten oder um sie noch einmal sauber abzuzeichnen.

So sind in den letzten zehn Jahren viele Kritzeleien, Skizzen und Zeichnungen entstanden – auf Wahlkampfreisen, in Hotels, auf der Ranch und im Weißen Haus. Manche hat er seinen Mitarbeitern geschenkt, manche verwendet er für seine public relations, die meisten aber endeten wohl im Reißwolf des Weißen Hauses.

„Ich liebe die Kunst", sagte der Präsident einmal, „denn sie spiegelt die Seele eines Künstlers. Und die Kunst einer Nation spiegelt die Seele der Nation. Leider bin ich kein richtiger Künstler, sondern nur der Präsident."

## 7. Produzentengalerie
Dieter Hacker
1 Berlin 15   Schaperstr. 19   Tel. 881 74 31

FROM THE DESK OF THE PRESIDENT

(NOTES)

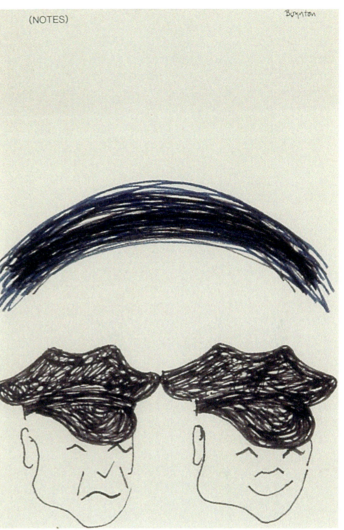

THE WHITE HOUSE
WASHINGTON

1781 Yorktown
⚓ 1797 Abukir
⚓ 1805 Trafalgar
 1815 Waterloo
 1805 Austerlitz
⚓ 1827 Navarino
1863 Vicksburg  1862 Königgrätz
1863 Gettysburg ⚓ 1863 Hampton Roads
 1914 ~~Al~~ Marne
 1916 Somme
 1942 El Alamein
 1943 ~~~~ Kursk
⚓ 1944 Pacific
 1944 Ardennes

**BILDTEIL**
Malerei

Die Anstreicher beginnen ihre
eigene Zukunft zu malen
1976
Öl, Leinwand
196 × 240 cm
Städtische Galerie im
Lenbachhaus München

Viereck mit schwarzer Frau
1989
Öl, Leinwand
200 × 200 cm

122 × 180 cm

Gefühl und Geometrie
1997
Öl, Leinwand
122 × 180 cm

Jede Farbe passt zu jeder anderen
1994
Öl, Leinwand
250 × 250 cm

Selbstbildnis als Frau
1994
Öl, Leinwand
180 × 122 cm

Geometrie und Chaos
1995
Öl, Leinwand
165 × 230 cm

# ANHANG

Kritik des Konstruktivismus
1972
Ausstellungsansicht

**DIETER HACKER**

| | |
|---|---|
| 1942 | in Augsburg geboren |
| 1960-65 | Studium an der Akademie der Bildenden Künste in München bei Ernst Geitlinger |
| 1970 | Umzug nach Berlin |
| 1971 | Eröffnung der 7. Produzentengalerie |
| Seit 1972 | Herausgabe der Zeitungen der 7. Produzentengalerie |
| 1974 | Gastprofessur an der Hochschule für Bildende Künste in Hamburg |
| Seit 1976 | Herausgabe von VOLKSFOTO – Zeitung für Fotografie (mit A. Seltzer) |
| 1977–80 | mehrere Filme für westdeutsche Fernsehanstalten |
| Seit 1986 | Arbeiten für das Theater |
| Seit 1990 | Professor an der Universität der Künste Berlin |

Lebt und arbeitet in Berlin

## Einzelausstellungen (Auswahl)

| | |
|---|---|
| 1965 | Deutsches Institut für Film und Fernsehen, München (mit EFFEKT) |
| | Galerie pro, Bad Godesberg (mit EFFEKT) |
| 1967 | Modern Art Agency, Lucio Amelio, Neapel |
| | Galerie Schütze, Bad Godesberg |
| 1968 | Galerie Schütze, Bad Godesberg |
| 1969 | Galerie Van de Loo - Forum, München |
| 1970 | Modern Art Agency, Lucio Amelio, Neapel |
| | Galleria La Bertesca, Genua |
| 1978 | Galerie René Block, Berlin |
| 1980 | Museum Bochum |
| | Augenladen Mannheim |
| | Galerie Maier-Hahn, Düsseldorf |
| 1981 | Internationaal Cultureel Centrum, Antwerpen |
| | Städtische Galerie im Lenbachhaus, München |
| | DAAD Galerie, Berlin |
| 1982 | Museum am Ostwall, Dortmund |
| | Augenladen Mannheim |
| 1984 | Marlborough Gallery, New York |
| | Galerie Maier-Hahn, Düsseldorf |
| | Zellermayer Galerie, Berlin |
| 1985 | Kunstverein in Hamburg |
| | Jane Turner Gallery, Los Angeles |
| | Marlborough Fine Art, Ltd., London |
| 1986 | Marlborough Fine Art, Ltd., Tokyo |
| | Zellermayer Galerie, Berlin |
| | Galerie Maier-Hahn, Düsseldorf |
| | Marlborough Gallery, New York |
| 1987 | Galerie Thomas, München |
| 1988 | Galerie Heinz Holtmann, Köln |
| | Marlborough Gallery, New York |
| | Zellermayer Galerie, Berlin |
| 1989 | Marlborough Fine Art, Ltd., London |
| 1990 | Galerie Brusberg, Berlin |
| | Gallerie Paul Vallotton, Lausanne |
| | Museo Rufino Tamayo, Mexiko |
| 1992 | Galerie Brusberg, Berlin |
| 1993 | Museum Bochum |
| 1994 | Marlborough Fine Art, Ltd., London |
| 1995 | Kunstverein in Hamburg |
| | Richard-Haizmann-Museum, Niebüll |
| 1997 | Zellermayer Galerie, Berlin |
| 1998 | Galerie Brusberg, Berlin |
| 1999 | Die Galerie, Frankfurt |
| | Zellermayer Galerie, Berlin |
| 2002 | Zellermayer Galerie, Berlin |
| 2003 | Raab Galerie, Berlin (mit Alke Brinkmann) |
| | Galerie Maier-Hahn, Düsseldorf |
| | Die Galerie, Frankfurt |
| 2005 | Galerie Tendances, Paris |
| 2007 | Zellermayer Galerie, Berlin |
| | Museum für Konkrete Kunst, Ingolstadt |

Jeder schimpft über den Kunstbetrieb Dies hindert die einen aber nicht, sich von ihm korrumpieren zu lassen, andere nicht, sich ihre Gegenaus- stellung von Burda finanzieren zu lassen. Meinen Sie nicht, daß wir endlich unsere traditionelle Funktion als Hofnarren der Reichen aufgeben müssen? Ausstellungen bekommen außer ihrem kommerziellen erst als Aufklärungsinstrumente einen Sinn. Sie müssen in einen ideologischen Rahmen gesetzt werden. Dies versuche ich mit der Ausstellung „Aesthetik und Ideologie" vom 1. Oktober 68 bis zum 31. Oktober 68 in der Galerie Schütze (Tel. 69765), Bad Godesberg, Augustastraße 20

Dieter Hacker

## Gruppenausstellungen (Auswahl)

| | |
|---|---|
| 1963 | Nove Tendencije, Galerije Grada Zagreba, Zagreb |
| 1964 | Neue Tendenzen, Städtisches Museum, Leverkusen |
| | Nouvelle Tendance, Musée des Art Décoratifs, Paris |
| 1965 | Nova Tendencija 3, Galerije Grada Zagreba, Zagreb |
| 1968 | public eye, Kunsthaus Hamburg |
| | Deutscher Kunstpreis der Jugend - Plastik, Kunsthalle Mannheim |
| 1969 | Nova Tendencija 4, Galerije Grada Zagreba, Zagreb |
| 1971 | Experimenta, Kunstverein Frankfurt |
| 1973 | Kunst im politischen Kampf, Kunstverein Hannover |
| 1974 | Art into Society, Society into Art, ICA, London |
| | Demonstrative Fotografie, Kunstverein Heidelberg |
| 1977 | Über Fotografie, Kunstverein Münster |
| | 10° Biennale de Paris, Paris |
| | Photography as Art - Art as Photography 2, Kassel u. a. |
| 1978 | Feldforschung, Kölnischer Kunstverein, Köln |
| | 13° East, Eleven Artists working in Berlin, Whitechapel Art Gallery, London |
| 1979 | Eremit? Forscher? Sozialarbeiter?, Kunstverein in Hamburg |
| 1980 | Fotografie als Kunst - Kunst als Fotografie 3, Zagreb, Paris u.a. |
| 1981 | Kunst und Politik, Badischer Kunstverein, Karlsruhe |
| | Art Allemagne Aujourd'hui, Musée d'Art Moderne de la Ville de Paris |
| | A New Spirit in Painting, Royal Academy of Arts, London |
| | Szenen der Volkskunst, Württembergischer Kunstverein, Stuttgart |
| 1982 | ZEITGEIST, Martin Gropius-Bau, Berlin |
| 1983 | Künstler verwenden Fotografie - heute, Palais des Beaux-Arts, Brüssel |
| | Arte programmata e cinetica 1953–63, Palazzo Reale, Mailand |
| 1984 | Ursprung und Vision - Neue deutsche Malerei, Barcelona, Madrid |
| | Die wiedergefundene Metropole - Neue Malerei in Berlin, Palais des Beaux-Arts, Brüssel |
| 1987 | BERLIN ART, The Museum of Modern Art, New York; Museum of Modern Art, San Francisco |
| | Ich und die Stadt, Berlinische Galerie, Martin-Gropius-Bau, Berlin |
| | Skulpturen von Malern, Mannheimer Kunstverein |
| 1988 | Der Hang zur Architektur in der Malerei der Gegenwart, Deutsches Architektur Museum, Frankfurt |
| | Refigured Painting: The German Image 1960–88, Guggenheim Museum, New York; Kunstmuseum Düsseldorf u. a. |
| 1990 | L'invention d'un art, Centre Georges Pompidou, Paris |
| Um 1968 | Konkrete Utopien in Kunst und Gesellschaft, Städtische Kunsthalle Düsseldorf |
| 1993 | Bühnenbild heute / Bühnenbild der Zukunft, Zentrum für Kunst und Medientechnologie, Karlsruhe |
| 1996 | Der Blick hinter den Spiegel, Museum Würth, Künzelsau |
| 2000 | Dreams 1900–2000, Historisches Museum Stadt Wien; Binghamton University Art Museum, New York |
| 2002 | Sammlung Piepenbrock, Schleswig-Holsteinisches Landesmuseum, Schloß Gottorf |
| 2003 | »Die Kunst im Bundeskanzleramt«, Sammlung Ulla und Heiner Pietzsch, Bundeskanzleramt Berlin |
| 2005 | UdK Berlin (Universität der Künste), Fakultät Bildende Kunst, Berlinische Galerie |
| 2006 | Die Neuen Tendenzen - Eine europäische Künstlerbewegung 1961–1973, Museum für Konkrete Kunst, Ingolstadt |
| 2007 | Einblicke - Sammlung Piepenbrock, Berlinische Galerie |

## Fernsehfilme

| | |
|---|---|
| 1977 | Zeichen von Gezeichneten, Zweites Deutsches Fernsehen, 5. Juni (mit W. Ebert und A. Seltzer) |
| 1980 | Alltagsfotografie, Westdeutscher Rundfunk, 4. Dezember (mit D. Koch und A. Seltzer) |
| | Alltagsfotografie 2, Westdeutscher Rundfunk, 12. Dezember (mit D. Koch und A. Seltzer) |

## Theaterarbeiten

| | |
|---|---|
| 1986 | Bühnenbild für »Die Fremdenführerin« von Botho Strauß, Schaubühne am Lehniner Platz, Berlin |
| 1988 | Bühnenbild und Kostüme für »Philoktet« von Heiner Müller, Schaubühne am Lehniner Platz, Berlin |
| 1990 | Bühnenbild für »Nachtasyl« von Maxim Gorki, Schauspielhaus Düsseldorf |
| | Bühnenbild, Kostüme und Masken für »Timon aus Athen« von William Shakespeare, Schauspielhaus Bochum |
| 1992 | Regie, Bühne und Kostüme für »Oedipus« von Sophokles, Schauspielhaus Bochum |
| | Bühne und Kostüme für »Prometheus gefesselt« von Aischylos, Schauspielhaus Düsseldorf |
| | Bühne und Kostüme für »Der Menschenfeind« von Molière, Schauspielhaus Bochum |
| 1994 | Regie, Bühne und Kostüme für »Oedipus in Kolonos« von Sophokles, Schauspielhaus Bochum |
| 1996 | Bühne für »Germania 3« von Heiner Müller, Burgtheater / Akademietheater, Wien |
| 2004 | Bühne für »Fidelio« von Ludwig van Beethoven, Nationaltheater Mannheim |

## Bibliographie (Auswahl)

Apollonio, Umbro: Sistema matematico e ordine naturale. In: Lineastruttura Nr. 1, 1966

Bex, F.: Dieter Hacker. In: Dieter Hacker (Katalog), Internationaal Cultureel Centrum Antwerpen, 1981

Billeter, Erika: Dieter Hacker. In: Dieter Hacker (Katalog), Galerie Paul Vallotton, Lausanne, 1990

Birkenhauer, Theresia: „In Masken geht die Zeit" - Dieter Hacker, Maler und Bildhauer für das Theater. In: Bühnenbild heute / Bühnenbild der Zukunft (Katalog), Zentrum für Kunst und Medientechnologie, Karlsruhe, 1993

Brandeis Crawford, Sandra: Schwarze Botin. In: Dieter Hacker, Schwarze Botin - Frauenbilder 1981 - 1999 (Katalog), DIE GALERIE, Frankfurt, 1999

Bode, Peter M.: Kinetische Effekte mit Pfiff. In: Süddeutsche Zeitung, 31.3.1965

Bohrer, Karl Heinz: Die Deutschen, ihr Selbsthass und sein Abbild. In: FAZ, 6.12.1978

Brock, Bazon: Ein heroisches Dennoch. In: Dieter Hacker (Katalog), Kunstverein in Hamburg, 1985

Brock, Bazon: The Studio as the Mind`s Stage. In: Dieter Hacker (Katalog), Museo Rufino Tamayo, Mexico City und Marlborough Gallery, New York, 1990

Faust, Wolfgang Max: Der Mythos des Bildes. In: Kunstforum, Bd. 37, 1980

Glozer, Laszlo: Der Künstler als Sozialarbeiter. In: Süddeutsche Zeitung, 23.1.1980

Grasskamp, Walter: Der Künstler als Kritiker (Gespräch mit Dieter Hacker über die Dummen Bilder). In: Kunstforum, Bd. 37

Heckmann, Stefanie: Zwischen den Gattungen. In: Gedächtnis der Vorstellung (Katalog), Akademie der Künste / Hochschule der Künste Berlin, 1996

Herzogenrath, Wulf: Feldforschung. In: Feldforschung (Katalog), Köln, 1978

Hiekisch-Picard, Sepp: Gespräch mit Dieter Hacker. In: Hacker Theater (Katalog), Museum Bochum, 1993

Höynck, Rainer: Dieter Hacker. In: RIAS kulturzeit, 14.5.1993

Iden, Peter: Im Wetter großen Schicksals. In: Hacker Theater (Katalog), Museum Bochum, 1993

Joachimides, Christos M.: Einen Berg besteigen. In: Dieter Hacker - Die Kunst muss dem Bürger im Nacken sitzen, wie der Löwe dem Gaul (Katalog), Städtische Galerie im Lenbachhaus, München, 1981

Kaps, Andreas: Der Künstler als Galerist und Kritiker. In: tip - Magazin, Nr. 1, 1979

Kleine, Rasmus: Die Utopie der Neuen Tendenzen. In: Die Neuen Tendenzen (Katalog), Museum für Konkrete Kunst, Ingolstadt, 2006

Klotz, Heinrich: Dieter Hacker - Ein Gespräch, Die Neuen Wilden, Stuttgart, 1984

Kultermann, Udo: In: Neue Formen des Bildes. Tübingen, 1969

Kuspit, Donald B.: Dieter Hacker at Marlborough. In: Art in Amerika, New York, Mai 1984

Lucie-Smith, Edward: Kunst heute. In: Kunst heute, München, 1997

Menna, Filiberto: Arte cinetica e visuale. In: L'Arte Moderna, Nr.114, 1967

Molderings, Herbert: De la photographie (Katalog), Paris, 1980

Ohff, Heinz: Schüsse auf die Nationalgalerie. In: Der Tagesspiegel, 13.3.1973

Ohff, Heinz: Malerei über das Malen. In: Der Tagesspiegel, 4.4.1978

Rhode, Werner: Nationalgalerie zu verkaufen. In: Frankfurter Rundschau, 16.3.1973

Rickey, George: Constructivism, London, 1968

Rosenthal, Norman: The Case of Dieter Hacker. In: Dieter Hacker (Katalog), Marlborough Fine Art, Tokyo, 1987

Roßmann, Andreas: Im Abseits der Gegenwart. In: Theater heute, 7/1992

Roters, Eberhard: Die lange Fahrt. In: Dieter Hacker, Milchstraße - Bilder und Bronzen (Katalog), Galerie Brusberg, Berlin, 1990

Ruhrberg, Karl: Vision und Reflektion. In: Dieter Hacker (Katalog), Marlborough Fine Art, London, 1994

Russel, John: Dieter Hacker, West Berliner in Debut. In: The New York Times, 10.2.1984

Schmidt, Johann-Karl: Heftige Malerei. In: Sammlung Würth, Einblick Ausblick Überblick, Künzelsau, 2001

Schmidt-Wulffen, Stephan: Malerei und Fotografie. In: Dieter Hacker - Fotografische Bilder 1970-1995 (Katalog), Kunstverein in Hamburg, 1995

Schmidt-Wulffen, Stephan: Modell Malerei. In: Dieter Hacker, Bilder und Skulpturen (Katalog), Galerie Heinz Holtmann, Köln, 1988

Schmied, Wieland: Kleiner Steckbrief für Dieter Hacker. In: 7. Produzentengalerie Dieter Hacker, Zwischenbericht 1971-1981 (Katalog), DAAD Galerie, Berlin, 1981

Schmied, Wieland: Der umgekehrte Marcel Duchamp. Der Fall Dieter Hacker. In: Dieter Hacker (Katalog), Zellermayer Galerie, Berlin, 1984

Seltzer, Andreas: Die 7. Produzentengalerie - Beschreibung eines Arbeitsmodells. In: Ästhetik + Kommunikation, Nr. 24, 1976

Spielmann, Peter: Dieter Hacker - Theater. In: Hacker Theater (Katalog), Museum Bochum, 1993

Steckel, Frank-Patrick: Schwester Kunst & Bruder Künstler. In: Hacker Theater (Katalog), Museum Bochum, 1993

Taylor, John Russel: Dieter Hacker at Marlborough Fine Art London. In: The Times, London, 8.10.1965

Thiemann, Eugen: Vorwort. In: Dieter Hacker, Bilder gegen die Zeit (Katalog), Museum am Ostwall, Dortmund, 1982

Tisdall, Caroline: Art into Society. In: The Guardian, 1.11.1974

Vester, Karl-Egon: Dieter Hacker - Zum Phänomen des Malers. In: Dieter Hacker (Katalog), Kunstverein in Hamburg, 1985

Yoshiaki, Tono: A Look at Dieter Hacker - Painting of a lull just before a storm. In: Dieter Hacker (Katalog), Marlborough Fine Art, Tokyo, 1986

Zweite, Armin: Vorwort. In: Dieter Hacker - Die Kunst muss dem Bürger im Nacken sitzen, wie der Löwe dem Gaul (Katalog), Städtische Galerie im Lenbachhaus, München, 1981

17. Plakat

# Unsere National-galerie

Eine Ausstellung vom
5.3. – 7.4. 73
Mo–Fr 16–19, Sa 10–14 Uhr

Da steht sie und behauptet, sie könne nicht anders, die Nationalgalerie und unter ihr das Volk, die Tröstungen der Kunst empfangend. Von unserem Geld dick und faul genudelt, verdeckt sie ihren Bauch durch eine elegante Fassade.
Betrieben von Kunsthistorikern - Hennen, die brütend auf alten Eiern sitzen.
Für wen wohl?
Für uns?
Wir, die Leute, haben andere Probleme. Mit unserem Leben, unserer Arbeit, unseren Fotoalben, Schrebergärten und Wohnungen hat die Nationalgalerie nichts zu tun.
Nicht einmal mit denen von uns, die sie hin und wieder besuchen, die beim Betreten den Hut abnehmen, sich nur flüsternd unterhalten und die Bilder ablaufen, die Hände hinterm Bauch verschränkt.
Aber nichts wird sich ändern, solange wir darauf warten, daß andere es für uns tun.
Die Nationalgalerie selber machen! Das müssen wir lernen.
Eines Tages - vielleicht - wird dann im Immobilienteil der Frankfurter Allgemeinen zu lesen sein: Nationalgalerie zu verkaufen.

**7. Produzentengalerie**
Dieter Hacker
**1 Berlin 15 Schaperstr. 10**

**Kooperative:**
**Paramedia**
**7. Produzentengalerie**
Berlin 15
Schaperstrasse 10

**Ausstellungen der 7. Produzentengalerie (1971–1984)**

| | |
|---|---|
| 1971 | Jeder könnte Künstler sein |
| | Anatomie einer Sammlung |
| | Jos. Beuys - kritisch |
| | Claudio Costa (evolution - involution) |
| | Bernhard Sandfort Metastatik |
| | Kunstkritik ist ein stumpfes Messer |
| 1972 | Verdrehte Sachen |
| | Anatomie einer Sammlung (A. Hundertmark) |
| | Kritik des Konstruktivismus |
| | Hurra, es gibt Neuigkeiten zu berichten |
| | Volkskunst |
| 1973 | Flugpost (Politische Plakate, politische Aufkleber) |
| | Unsere Nationalgalerie |
| | Kunstzeitungen der Welt |
| | Autopsie eines Happenings. Dokumentation und Analyse eines Happenings von Wolf Vostell |
| 1974 | Millionen Touristen fotografieren den schiefen Turm von Pisa. Wie viele halten ihren Fotoapparat schief? (Ausstellung über Amateurfotografie) |
| | Die besten Flugblätter der Welt - Die Mannheimer Kunstbriefe |
| | Alles ganz große Scheiße! Dokumente einer Blockade |
| | Welchen Sinn hat malen? |
| | Die Sammlungen des Allgemeinen |
| 1975 | Alternativen zur Avantgarde |
| | Welchen Sinn hat malen? (2. Versuch) |
| | Bürger werden am Kopf mit Sendern angepeilt, belauscht, angeredet, verfolgt, gefoltert - Beispiele eines Widerstandes (mit A. Seltzer) |
| | Die politische Arbeit des Künstlers beginnt bei seiner Arbeit. Ein Modell: Die 7. Produzentengalerie |
| | Ist diese Linke noch das Rechte? (Helga Eibl) |
| 1976 | Aufklärung und Agitation in der Kunst Chinas |
| | Aufklärung und Agitation in der Kunst der Bundesrepublik |
| | Fotografieren |
| | Die aufgetaute Kamera (mit A. Seltzer) |
| 1977 | Würstl mit Kraut. »Berlin Now« - ein Beispiel Berliner Kulturpolitik (mit A. Seltzer) |
| | Politisch fotografieren (mit A. Seltzer) |
| 1978 | Heimliche Bilder (mit A. Seltzer) |
| | Ich bin ein Rebell gegen den Staat (mit A. Seltzer) |
| | Dumme Bilder |
| 1979 | Das Staunen ist der Anfang der Fotografie - Kinderfotos (mit A. Seltzer) |
| | Mit dem Mund gemalt |
| | Der Mythos des Bildes |
| 1980 | Russisches Roulett |
| | Die Briefe der Maria Redlich (Bernhard Sandfort) |
| | Foto kaputt (mit A. Seltzer) |
| | Die unheiligen Dinge (A. Seltzer) |
| | Geprüft und für wertlos befunden |
| 1981 | Der Künstler als Amokläufer |
| | Matisse |
| | Wie beschissen finde ich Deutschland |
| 1982 | Good morning Mr. President - Die Zeichnungen des Präsidenten |
| | Das Rüstungspanorama (Bernhard Sandfort) |
| | Masterpieces |
| 1983 | Der Weltball - Herrn Gebhards Versöhnungsmodell |
| | MonDieu - Zeichnungen von Dieter Hacker |
| 1984 | Aus Liebe (mit Ilka Romig) |

**IMPRESSUM**

*Katalog zur Ausstellung*
**DIETER HACKER**
**DER RECHTE WINKEL IN MIR**

Eine Ausstellung des
Museums für Konkrete Kunst Ingolstadt
30. November 2007 bis 27. Januar 2008

**Herausgeber**
Tobias Hoffmann
Museum für Konkrete Kunst
mkk-ingolstadt.de

**Kuratoren**
Tobias Hoffmann
Rasmus Kleine

**Redaktion**
Rasmus Kleine

**Mitarbeit**
Ines Bauer, Dorothea Ley,
Josef Templer, Kerstin Wiesmayer

**Gestaltung**
GONDOR Kommunikationsdesign
gondor.de

**Gesamtherstellung**
KERBER VERLAG
kerberverlag.com

**Schriften / Papier**
FF Bau, Sabon / GardaPat 13 KIARA, 135g/m$^2$

**© 2007**
KERBER VERLAG, Museum für Konkrete Kunst
und die Autoren.
Dieses Buch oder Teile dieses Buches dürfen nicht vervielfältigt, in Datenbanken gespeichert oder in irgendeiner Form übertragen werden ohne die schriftliche Genehmigung des Herausgebers. Alle Bildrechte bei Dieter Hacker.
Abbildungen S. 10, 24, 25 Bildrechte bei Dieter Hacker, Karl Reinhartz, Helge Sommerrock, Walter Zehringer.

**ISBN: 978-3-86678-118-4**

**Printed in Germany**

Alle Werke der Ausstellung
Leihgaben Dieter Hacker

**Fotonachweis**
Helmut Bauer, Darius Gondor, Dieter Hacker,
Jochen Littkemann, Matthias Tratz

Museum für Konkrete Kunst
Tränktorstr. 6–8
85049 Ingolstadt
*Telefon* 0841 3051871
mkk-ingolstadt.de